COLLECTION ALCIDE PICARD

BIBLIOTHÈQUE COLONIALE ET DE VOYAGES

La France d'Afrique

AU SÉNÉGAL

PAR

LOUIS SONGY

MEMBRE DE LA SOCIÉTÉ DE GÉOGRAPHIE D'ALGER

ILLUSTRÉ DE 23 VIGNETTES

D'après des croquis et photographies de Mme M. Songy

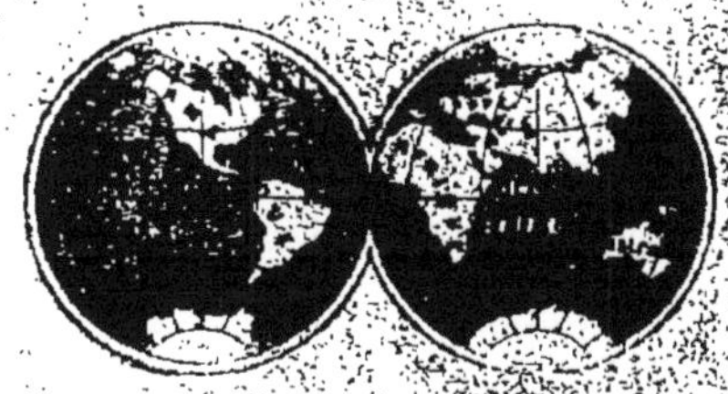

PARIS

LIBRAIRIE D'ÉDUCATION NATIONALE

11, 18 ET 20, RUE SOUFFLOT

LA FRANCE D'AFRIQUE

AU SÉNÉGAL

9e Série

Jeune Sénégalaise revenant du marigot de Doué.

COLLECTION ALCIDE PICARD

BIBLIOTHÈQUE COLONIALE ET DE VOYAGES

La France d'Afrique

AU SÉNÉGAL

PAR

LOUIS SONGY

MEMBRE DE LA SOCIÉTÉ DE GÉOGRAPHIE D'ALGER

ILLUSTRÉ DE 23 VIGNETTES

D'après des croquis et photographies de Mme M. Songy

PARIS

LIBRAIRIE D'ÉDUCATION NATIONALE

11, 18 ET 20, RUE SOUFFLOT

A la mémoire des Gouverneurs

FAIDHERBE ET NOËL BALLEY

AUX FONDATEURS

DE L'AFRIQUE OCCIDENTALE FRANÇAISE

AVANT-PROPOS.

L'Afrique, située au seuil de l'Europe, a eu la singulière destinée que ses légendaires problèmes géographiques aient attendu leur solution jusqu'à notre époque. Au delà de l'Atlantique, un continent nouveau avait été découvert, qu'elle continuait à demeurer mystérieuse et fermée, dévorant comme le Sphinx les Œdipes qui cherchaient à dévoiler ses secrets.

Jusqu'à des jours fort voisins des nôtres, elle a recélé les plus grands fleuves, dont on voyait les embouchures, mais dont le cours et les origines étaient inconnus. Depuis, les événements se sont précipités : des régions encore inexplorées ont subitement passé dans le domaine économique; un partage a été fait du mystérieux continent, et la France, grâce au courage, à l'énergie de ses audacieux explorateurs et de ses soldats, s'y est taillé un nouvel Empire colonial, qui peut et doit être une source de prospérité et de grandeur nationales.

C'est dans un coin de la France d'Afrique, *au Sénégal, première voie de notre pénétration dans le Continent noir, que ces pages vont conduire mes lecteurs. Ils y trouveront, mélangé aux incidents de la vie quotidienne, le résumé des études effectuées au cours d'un voyage; des notes recueillies sur les mœurs, les coutumes des populations au milieu desquelles j'ai séjourné.*

Détachées de mon carnet de route, ces pages sont dépourvues de toute prétention; je les ai écrites avec d'autant plus de plaisir qu'elles étaient destinées à la Bibliothèque coloniale et de voyages, *créée par la* Librairie d'Éducation nationale.

J'ai voulu surtout, sous une forme peut-être réaliste, mais en tout cas sincère, exempte de tout mirage, que je me suis efforcé de rendre attrayante le plus possible, faire connaître à mes jeunes lecteurs, auxquels ce volume est plus particulièrement destiné, notre vieille colonie de la Côte occidentale d'Afrique. Heureux si j'ai pu donner aux uns le goût des voyages, qui sont la véritable école pour les jeunes hommes, inciter les autres à participer, d'une façon effective et active, au mouvement colonial.

Bientôt, en effet, nos possessions d'outre-mer auront besoin de tous nos efforts, de toutes nos activités, pour devenir grandes et prospères. Ce jour-là, comme le disait dans un de ses articles mon excellent camarade André Mévil, « *il importera que notre éducation coloniale soit achevée* ».

Un mot encore. Je ne veux pas terminer sans remercier ici toutes les personnes qui m'ont prêté leur appui, leur concours avant mon départ ; le Lieutenant-Gouverneur du Sénégal, M. Guy, de son cordial accueil ; les chefs de service et amis sénégalais, dont la complaisance et l'amabilité m'ont facilité l'exécution de ma mission.

La meilleure manière de raconter, c'est, je crois, de faire voyager le lecteur avec soi, jour par jour, presque heure par heure. En route ! mes jeunes amis ; La Plata, *des Messageries maritimes, est en partance à Bordeaux...*

Louis Songy,

Ancien officier, membre de la Société de géographie d'Alger.

Décembre 1904.

AU SÉNÉGAL

CHAPITRE PREMIER

DÉPART DE BORDEAUX. — « LA PLATA ». — EN MER. — LEIXOËS. PORTO. — LISBONNE. — LE RAYON VERT.

Poignard maure.

DÉPART DE BORDEAUX. — L'animation est grande sur le quai de la douane, aux abords du ponton de la Compagnie fluviale « Bordeaux-Océan » ; voyageurs pressés, commissionnaires affairés circulent au milieu des voitures, des camions apportant les bagages, à travers les éventaires des marchands de chaises longues, de fauteuils en rotin, installés à l'entrée. C'est jour de départ d'un courrier.

Onze heures sonnent aux lointaines horloges de Bordeaux, au moment où je mets le pied sur le petit vapeur « Gironde et Garonne » qui doit transporter les passagers à bord de « La Plata », paquebot en partance pour l'Amérique du Sud, *viâ* Dakar.

Le coup d'œil est, à ce moment, des plus pittoresques :

pont, dunette, salons, sont encombrés par des colis de toutes sortes, chacun cherche à grouper les siens pour les avoir sous la main; les luxueuses valises côtoient de modestes malles, des cantines, des sacs de militaires allant à la côte occidentale d'Afrique.

La matinée est claire, ensoleillée, bien que l'automne tire à sa fin. Débarrassé du souci de mes colis, l'énervement inséparable des dernières heures précédant un départ, fait place à une détente délicieuse; accoudé au garde-fou du pont supérieur, je regarde machinalement la cohue des voyageurs quittant le ponton d'embarquement, où les ont accompagnés parents et amis, cependant que ma pensée retourne auprès des miens quittés la veille.

Les appels de la sirène me tirent brusquement de ma rêverie; la passerelle est relevée, notre transbordeur décrit une courbe, gagne le milieu de la Garonne, croisant des voiliers, des paquebots en remontée. Du ponton partent encore les adieux, des mouchoirs s'agitent, piquant de taches blanches le groupe de ceux qui restent; les colonnes Rostrales des Quinconces disparaissent et bientôt tous les regards se tournent vers l'avant, cherchant le grand paquebot qui doit nous emmener.

La « Gironde et Garonne » file rapidement sous l'action du flot qui descend; Bordeaux s'estompe dans le lointain; à un coude du fleuve, « La Plata » dresse sa masse imposante. Au lieu d'être ancré en rade habituelle de Pauillac, le paquebot est en effet amarré à quai de Bordeaux, son chargement étant incomplet par suite d'une grève de dockers, incident qui nous vaudra quelques heures d'arrêt à Pauillac, dans la soirée, pour terminer l'arrimage des marchandises dirigées sur ce point.

« La Plata ». — Le petit vapeur accoste l'immense steamer sous pression. Nous y pénétrons par une porte ouverte dans la cloison étanche, à la hauteur de la galerie des premières, sous le pont couvert. Sur le seuil, l'aimable commissaire du bord, entouré du personnel, reçoit les passagers et les dirige sur leur classe respective; chacun prend possession de sa couchette : l'installation définitive aura lieu une fois en route. Pour l'instant, il s'agit de faire honneur au menu délicat de la Compagnie, car la clochette du maître d'hôtel a piqué le dernier coup de l'heure du déjeuner.

A ce premier repas, les passagers se placent un peu au hasard; plus tard, tenant compte des désirs particuliers, le maître d'hôtel complaisant établira la liste des séries par « carré » de quatre.

La glace est du reste vite rompue; il est rare qu'au bout de quelques instants on ne rencontre un ami de passage, vers lequel une similitude de goûts, une sympathie née d'un rien, vous entraîne. C'est ainsi qu'à la table où j'ai pris place je retrouve un charmant garçon allant au Sénégal. Isolés tous deux au milieu du brouhaha du départ, nous avions déjà échangé quelques impressions ; aussi, sommes-nous vite sur un pied d'assez intime camaraderie.

Le hasard me sert à souhait : mon compagnon rejoint son poste situé sur le fleuve Sénégal, à quelques centaines de kilomètres dans l'intérieur, et ce point est précisément le centre de mes études.

C'est pendant ce premier déjeuner que sont distribués les correspondances, les télégrammes adressés aux passagers, dont les réponses seront expédiées en dernière minute par le service postal du bord ; aussi les tables sont-elles à peine débarrassées, que porte-plumes et crayons fonctionnent à qui mieux mieux ; les malins ont su se procurer des cartes postales avec vue du paquebot, vignettes vendues près du bureau du Receveur par un matelot préposé à la soute aux dépêches.

Durant ces premiers instants, le pont a été dégagé, les gros colis ont été descendus dans les cales ; l'heure du départ approche. Au mât de misaine flotte le pavillon postal ; au mât de hune le pavillon des Messageries, avec son chiffre « M M » se détachant en lettres bleues sur fond blanc ; au mât d'artimon, le pavillon tricolore.

Le commandant, correct, ganté, la jumelle à la main, monte sur la passerelle de service, où se tient déjà l'officier de quart.

— Larguez d'arrière !

La dernière amarre nous retenant à la terre est amenée. Doucement le paquebot évolue sous l'action de l'hélice ; nous sommes en route : la cloche du bord pique quatre heures...

La foule massée sur le quai, le personnel des autres

steamers dont le départ est prochain, nous envoient encore de frénétiques adieux ; les rives de la Garonne fuient à droite et à gauche. Nous dépassons le bec d'Ambez et entrons en Gironde, dont le lit va s'élargissant ; des feux-bouées, verts, rouges, blancs, tracent le chenal dans lequel s'engage majestueusement « La Plata ».

De la dunette, le coup d'œil est à la fois imposant et magique ; une impression indéfinissable vous envahit : cet embarquement, cette descente de la Gironde, tout cela ressemble si peu à un départ pour une traversée au long cours sur l'Océan, que malgré soi on cherche le complément du tableau, auquel il manque... la mer. Tout autre en effet est l'impression ressentie quand on embarque à Marseille ou au Havre.

La nuit vient, la brume nous enveloppe ; le fanal de route est hissé au haut du mât de hune, je quitte mon observatoire pour regagner le pont et parcourir le paquebot.

Magnifique steamer à coque en tôle d'acier, « La Plata », d'une longueur de 125 mètres, ne le cède en rien aux autres bateaux des Messageries maritimes, et s'il ne peut rivaliser avec certains de ceux faisant la ligne de Chine, il est très confortable, bon marcheur, filant ses quatorze nœuds à l'heure[1], solidement ponté, et tenant, paraît-il, bien la mer ; nous verrons.

[1] Le nœud vaut 1 852 mètres.

L'installation est des mieux aménagées; les premières avec dunette, salon de musique, salle à manger, à l'arrière ; sous le pont, les cabines ; le pont couvert abrite le fumoir, les cabines du personnel, les cuisines, la boulangerie. A l'avant, les boxes d'approvisionnement, la boucherie, les postes de l'équipage et les troisièmes.

Par surcroît, son commandant est un marin consommé et l'homme du monde le plus accompli, le plus charmant qu'il soit.

Comme je reviens au salon, celui-ci se transforme en salle à manger; avec son palmier central surplombant un divan circulaire, ses innombrables globes électriques, ses frais panneaux de peintures représentant des paysages et des sites maritimes de France, on dirait une immense salle des fêtes. Les tables sont au complet ; les toilettes des passagères rehaussent encore de leur éclat l'ensemble de ce charmant coup d'œil. L'entrain et la gaieté sont tels, que nous sommes déjà depuis quelques instants arrêtés en face de Pauillac, sans que cet arrêt ait été remarqué de la plupart des convives. Les trépidations du « petit cheval[1] » placé sur le pont finissent cependant par exciter la curiosité générale et nous nous trouvons bientôt réunis en assez grand nombre sous la galerie couverte.

Au dehors, dans la nuit noire, brillent des feux lointains, tandis que nos réflecteurs zèbrent de raies lumi-

[1] Petit moteur à vapeur, servant aux manœuvres et au chargement des colis.

neuses les eaux jaunâtres de la Gironde, sur lesquelles dansent terriblement les caravelles accostées le long du paquebot dont elles apportent le complément de cargaison. A en juger par la quantité de colis restant à arrimer, nous n'éviterons que fort tard dans la nuit ; le plus sage est de gagner sa couchette.

En mer. — Dès l'aube, le bruit fait par les matelots occupés au lavage du pont et des couloirs me réveille. Un jour gris filtre à travers le hublot ; le ronronnement monotone de l'hélice prouve seul encore que nous sommes en marche ; je quitte à la hâte ma cabine et j'arrive sur la dunette, juste au moment de la mise à la mer. Emporté par le courant de la Gironde, « La Plata » entre dans le golfe de Gascogne.

La toilette du bâtiment est terminée ; son aspect, en comparaison de celui de la veille, est une agréable surprise. Tout est en ordre, d'une méticuleuse propreté ; les cuivres reluisent ; le pont offre un vaste promenoir en attendant que le soleil plus chaud permette des stations prolongées sous les galeries.

Nous voguons, cette fois, vers les rivages de l'Espagne et du Portugal, ayant en perspective les escales ensoleillées de Leixoës-Porto et de Lisbonne.

Peu à peu, les passagers apparaissent, humant l'air vif de la mer en guise d'apéritif. Cependant la houle commence à se faire sentir ; le bateau monte à la lame, le premier coup de roulis un peu sérieux déplace les centres de gravité ; quelques mines prennent des teintes blafardes et les fauteuils se garnissent des malheureuses victimes du mal de mer, dont le nombre ira croissant, en dépit de la vaillance dont quelques-unes veulent faire preuve, à l'heure du déjeuner. Comment résister au désir de savourer le menu inscrit sur les jolies vignettes si artistement décorées qui ornent les tables, toutes au complet, pas pour longtemps, par exemple, car bientôt, à l'air décontenancé de plusieurs des convives, il est facile d'escompter les départs précipités, sous les lazzi peu charitables des voisins, dont le tour est proche : juste retour des choses d'ici-bas !

Depuis quelques instants, je guigne mon voisin de gauche ; en fin gourmet, il croque une appétissante côtelette de mouton bien en chair, bien saignante, bien dorée et je le vois se tenir à quatre pour l'achever... Efforts inutiles ! Une embardée accentue le roulis et le force à quitter la place pour courir payer son tribut à la déesse Amphitrite[1]. Nous le supposions retiré dans sa cabine, quand tout guilleret, en apparence du moins, il revient à table et au grand ébahissement du garçon, réclame une seconde édition de son plat favori !

Hélas ! les plus belles côtelettes ont le pire destin ! et celle-ci s'en fut augmenter les extra de la table d'hôte aquatique déjà abondamment pourvue. Je laisse à penser sous quelle pluie de quolibets eut lieu ce second départ,

[1] Déesse de la mer, épouse de Neptune.

et surtout la troisième rentrée de ce tenace convive.

— Apportez le mouton ! s'écrie un aimable farceur.

Et complaisamment, prenant la plaisanterie du bon côté, le garçon revient avec une troisième côtelette ! Ce fut alors un fou rire général, ponctué par le bruit sec du bouchon d'une bouteille de champagne accompagnant la fameuse côtelette. Grâce à cette adjonction, celle-ci demeure enfin la propriété exclusive de notre compagnon de « carré » désormais affranchi de tout malaise et qui nous invite avec la meilleure grâce du monde à toaster en l'honneur de son baptême.

Comme nous achevons notre tasse de café, un coup de sifflet strident retentit, interrompt une seconde les conversations.

— Midi ! fait une voix.

C'est l'heure du « point » : opération qui se répète chaque jour pendant la durée d'une traversée et à la suite de laquelle on règle les horloges du bord d'après le degré de longitude atteint ; les passagers peuvent ainsi mettre leur chronomètre à l'heure vraie du lieu. Le « point », affiché à l'entrée de la galerie des premières tribord, à côté de la carte de route, indique la longitude, la latitude, la distance parcourue, celle à parcourir jusqu'à la prochaine escale. C'est une des grandes distractions journalières et le sujet de conversations, de calculs, car chacun donne son appréciation sur l'heure probable de l'arrivée.

Nous nous trouvons bientôt réunis devant le petit

cadre contenant le « point », que vient d'accrocher le mousse du bord.

Latitude : 45° 28′ N. ;

Longitude : 4° 38′ O. ;

Distance parcourue : 89 milles ;

Distance à parcourir pour Leixoës : 491 milles.

Nous sommes en plein golfe de Gascogne. Le mille ou nœud représentant 1 852 mètres, nous avons donc parcouru, depuis Bordeaux, 164 kilomètres 828 mètres, et il nous reste 909 kilomètres pour atteindre Leixoës.

Dans l'après-midi, le vent fraîchit ; le roulis s'accentue ; une drisse[1] est installée le long des galeries pour faciliter la marche devenue difficile. Le pont est rapidement déserté ; les passagères disparaissent une à une, se réfugient dans le salon, autour de la cheminée où brûlent d'énormes morceaux de houille.

Quelques instants avant le coucher du soleil, nous stoppons... Rien de grave. L'engorgement d'un tuyau de chaudière, accident vite réparé, nous laisse durant une heure le jouet des vagues. La route est reprise comme le disque solaire, semblable à un immense ballon rouge, s'enfonce dans les flots.

Au dîner, beaucoup de places vides. Notre « carré » tient bon, en dépit des lames de fond de plus en plus fortes qui soulèvent l'arrière, provoquant par instants des oscillations inquiétantes dans les rangs des verres et

[1] Cordage de manœuvre.

des bouteilles, ou des cascades inopinées de potage s'évadant des cuillers. Autant d'incidents comiques qui finissent par ramener la gaieté, et la soirée se termine sur un concert improvisé, que vont prolonger durant la nuit, sous une autre forme, le vent et les paquets de mer heurtant les flancs du paquebot.

Il a une façon de comprendre la musique ce golfe de Gascogne, qui doit lui aliéner certainement les sympathies des plus enragés virtuoses !

La nuit a été si dure, que je laisse passer l'heure du premier déjeuner. Bast ! je n'en donnerai qu'un meilleur coup de fourchette au second, et je flâne dans mon cadre étroit, véritable petit lit de pensionnaire ; on n'y a pas absolument toutes ses aises, mais on s'y fait.

Tout est minuscule au reste dans les cabines, à commencer par elles-mêmes : petites couchettes superposées, avec petite échelle pour atteindre la supérieure ; petite table de nuit fixée vers le milieu de la cloison et contenant un petit ustensile nocturne ; petit porte-montre ; petit bouton électrique ; petit hublot grand comme un fond de chapeau ; petite table de toilette ; on dirait un mobilier de poupée ; il n'y a que les poupées qui s'obstinent à ne pas être petites, au grand dam de certaines.

La mer est moins agitée, lorsque je me retrouve quelques instants plus tard sur le pont ; nous passons devant le cap Ortegal, qu'éclaire un soleil déjà chaud. Les côtes d'Espagne sont en vue : un vapeur sortant du port de la Corogne lance son panache de fumée dans l'atmosphère resplendissante de lumière ; des bandes de mouettes rasent la crête des vagues ; à l'horizon, sur un fond de nuages blancs, s'amorce un arc-en-ciel dont le vert émeraude se détache en spirales d'un très curieux effet.

Dans la journée, nous doublons le cap Finisterre, laissant derrière nous, sans aucun regret, le golfe de Gascogne. La grande houle du large augmente la longueur des embardées ; le paquebot semble glisser le long des côtes. A cet instant seulement, on éprouve l'impression bien nette d'être dans l'Océan, immensité sur laquelle chaque tour d'hélice vous éloigne de la France.

Le point accuse 323 milles comme parcours ; le lendemain de bonne heure nous toucherons au Portugal.

Leixoës. — Une désillusion nous attend à notre première escale. Le soleil sur lequel nous comptions pour une excursion à Porto, dont Leixoës est le port, s'obstine à demeurer caché derrière de gros nuages venus du large. La pluie tombe fine et serrée, quand « La Plata » stoppe devant la passe.

Dès la terre en vue, le pavillon tricolore, celui des Messageries, la flamme du service postal et le pavillon jaune, demandant la libre pratique, ont été hissés aux mâts. Un canot enlevé par quatre vigoureux rameurs se dirige bientôt vers nous, amenant le service de santé, la douane et le pilote ; sous la direction de ce dernier, nous franchissons la passe et le paquebot prend son corps mort. Le pavillon jaune est amené, la libre pratique est accordée, nous pourrons descendre à terre.

L'ancre est à peine jetée, qu'une multitude de barques montées par des indigènes entourent le steamer; les unes sont chargées de fruits, de produits du pays : oranges, pommes, vins, flasques de Porto, faïence artistique ; les autres guettent le débarquement des passagers. Sur le pont, c'est un remue-ménage rappelant celui du départ ; le « petit cheval » trépide à outrance pour remonter les marchandises amarrées dans les cales : feuilles de fer-blanc, lingots de plomb, morceaux d'acacia débités pour la confection des raies de voitures, conserves, etc.

Nous sommes ancrés à un mille de la côte. Au pied de massifs verdoyants, on aperçoit la bourgade de Leixoës, des tramways circulent vers Porto; les bruits de la terre arrivent jusqu'à bord. Il n'en faut pas plus pour nous décider à profiter d'une éclaircie et sauter dans une barque : la journée nous appartient tout entière, ainsi que l'indique le tableau affiché au mât d'artimon : « Le bateau partira ce soir, à neuf heures. » Débarqués au pied d'une jetée aboutissant au tramway électrique, nous filons rapidement vers Porto. L'aspect de Leixoës est des plus pittoresques, avec ses maisons aux façades en mosaïques de couleur, aux toits rouges ; ses habitants aux costumes bigarrés. Nous croisons des attelages de bœufs aux cornes immenses, aux jougs ciselés à jour, traînant de leur pas pesant des charrettes à deux roues en bois grossièrement évidé. Sur les accotements de la route, les femmes vont alertes, pieds nus, la jupe relevée à l'aide d'une ceinture enserrant leur taille fine et flexible; elles portent crânement sur la tête des cassettes en fer-blanc faisant l'office de paniers à provisions; le coup d'œil est original.

— Prohibido fumar!... s'écrie l'un de nous, en montrant une inscription qu'il vient de découvrir sur la paroi de la plate-forme. Il est bien temps! nous sommes là quatre farceurs qui fumons comme des locomotives!

Je « hable » pas portugais, répond un autre, en tirant une énorme bouffée de son panatellas.

Je dois à la correction française de dire que nous nous trouvions à l'extérieur; l'incident avait du reste provoqué un sourire chez nos voisins portugais qui grillaient force cigarettes; il allait se continuer et se corser, avec l'apparition du receveur réclamant le prix des places : cent vingt-cinq reïs[1]...

Nous nous regardons tous les quatre avec des mines ahuries, pas très certains de posséder pareille somme et je crois que nous en serions encore à nous débrouiller sans lé secours d'un aimable voisin fort amusé de la situation. En un français, ma foi très pur, il nous explique le système monétaire du Portugal, pousse la complaisance jusqu'à changer notre monnaie et finalement se met à notre disposition pour nous piloter dans

[1] Le *reis* vaut environ 0 fr. 045 de notre monnaie, ce qui représentait 0 fr. 60.

Porto, quand il apprend qu'il a affaire à des passagers de « La Plata »; nous acceptons avec empressement. Il était difficile de prendre plus gracieusement une revanche du premier incident ; mais, je ne pus m'empêcher de faire *in petto* et une fois de plus cette constatation : que la connaissance des langues étrangères est indispensable pour voyager.

Porto. — Pendant nos conversations, le tramway avait atteint les dernières maisons de Leixoës et l'embouchure du Douro que des dunes de sable rendent d'un accès assez difficile. Par des détours capricieux, des gorges accidentées, nous arrivons au port proprement dit de Porto, dans lequel sont ancrés d'immenses transports charbonniers, des voiliers ; un cuirassé portugais, l'École de la Marine, profile sa blanche silhouette sur cet ensemble plutôt noir.

Une dernière pente plus rapide et nous descendons sur la place Dom Pedro.

Porto s'étend sur un vaste plateau rocheux qui domine le Douro. Cette disposition topographique partage la cité en ville basse et ville haute, dont nous visitons les principaux monuments sous la conduite de notre aimable cicerone d'occasion, auquel j'adresse ici un bien sympathique souvenir, car sa complaisance fut d'autant plus grande, qu'il faisait un temps abominable.

La ville est une jolie et coquette cité, aux voies larges, aux magasins bien achalandés ; les « Galeries des

Nouveautés » entre autres, un « Bon Marché » en petit, présentent cette particularité fort pratique, qu'il serait désirable de voir introduire à Paris, qu'on y trouve non seulement tous les articles courants, mais jusqu'à des timbres-poste, du tabac, des cigares, détail dont j'ai pu apprécier la commodité et que je signale en passant.

Le Palais de Cristal, la Tour de Clérigos entrevus, nous nous rendons à la caserne des pompiers installée d'après les données les plus modernes au point de vue de la rapidité des secours. Le matériel est semblable à celui aujourd'hui en usage dans les capitales ; toutefois, le service de départ retient notre attention : au lieu d'être tout harnachés dans les boxes, les chevaux sont constamment attelés à la pompe à vapeur et sont relevés de quatre en quatre heures. Un appel retentit ? Le pompier faisant office de cocher grimpe sur son siège, tire une cordelette descendant du plafond à hauteur de sa main et les portes s'ouvrent à deux battants. En *dix* secondes le départ est effectué.

Une station à la poste pour expédier quelques cartes postales illustrées et nous gagnons le fameux pont métallique de Dom Luiz, qui relie de son double tablier les deux villes de Porto et de Villeneuve-de-Gaia. Ces deux villes séparées par le Douro, n'en font en réalité qu'une ; leurs intérêts sont tellement liés qu'on avait déjà établi entre elles un pont supendu, devenu plus tard insuffisant.

Le problème du pont métallique à double tablier était difficile à résoudre, les coteaux d'une hauteur de

60 mètres, ayant un écart de 400 mètres et la profondeur du fleuve, ne permettant pas la construction d'une pile pour éviter une trop grande portée. Malgré tout, le pont s'est élevé et il constitue une des curiosités de Porto.

Rien de plus hardi, en effet, que cette double voie, dont le tablier inférieur, situé à 12 mètres au-dessus du niveau du fleuve, repose sur des culées servant de soutènement à un arc gigantesque de 172 mètres de corde et de 60 mètres de flèche (!) supportant le pont supérieur; le tout réuni, par des poutrelles en fer, est d'une légèreté d'aspect fort heureuse.

En amont, le pont Dona Maria Pia du même genre, mais à un seul tablier, fait franchir le Douro à la voie ferrée.

Comme nous nous disposons à traverser le premier pour jouir du coup d'œil impressionnant que l'on doit avoir du milieu de la portée, une averse torrentielle survient et nous oblige à regagner en toute hâte la place Dom Pedro. Sous la pluie, son pavage en mosaïque noire ondulée ressemble à un petit lac en miniature aux vagues agitées.

Le temps fuit cependant; il faut penser au retour. A regret, nous nous séparons de notre charmant cicerone, et regagnons Leixoës... Voici « La Plata », notre cabine, des vêtements secs, les amis et le menu particulièrement soigné, arrosé d'un porto authentique.

Dans la soirée, « La Plata » lève l'ancre, le cap sur Lisbonne.

Lisbonne. — Depuis le matin, la côte est en vue ; la pluie a fait place à un soleil radieux colorant de teintes roses la pointe et le feu fixe des îles Baldingues, rochers arides, tapissés de mousse, formant une sorte de chenal avec les pittoresques coteaux de l'Estrémadure recouverts de bois de pins, d'oliviers, d'où émergent des terrasses de villas, des toits d'un rouge vif, ou les grandes ailes de moulins actionnées par la brise du large.

Merveilleux panorama dont les yeux éblouis conservent encore la vision, lorsque, le cap de la Roca doublé, s'ouvre devant nous l'estuaire du Tage. Nulle palette, nulle plume, ne saurait rendre la féerique apparition des rochers de Cintra, magnifiquement lumineux et harmonieux, devant lesquels le fleuve, par une embouchure de 8 à 10 kilomètres de largeur, mélange ses eaux aux flots de l'Atlantique.

L'impression s'accentue au fur et à mesure que les détails se précisent : voici le phare, la tour de Sainte-Marie-de-Belem, aux galeries crénelées, et de la rade lointaine, vaste, inondée de soleil, où sont ancrés, vont et viennent d'innombrables navires de toutes les nations, surgit Lisboa, cité de rêve, diaphane, mouchetée de l'azur et des ors reflétés par le clapotis miroitant des vagues.

Dans cet éblouissement fascinateur, évoquant le souvenir d'Alger la Blanche, je comprends mieux encore le charme prestigieux de la capitale portugaise, qui vous attire, vous enchante et vous garde.

Lisbonne. — La tour de Sainte-Marie-de-Belem.

Bâtie sur sept collines, Lisbonne s'élève sur la rive droite du Tage, à l'endroit où le fleuve se resserre à 1 500 ou 1 600 mètres, après s'être épanché en un lac bleu de près de 10 kilomètres, portant le nom « de mer de Paille ».

Tous ses pavillons claquant au vent, « La Plata » avance majestueusement vers le fond de la rade, contourne un torpilleur russe d'où partent des acclamations frénétiques, et vient s'amarrer au quai des Messageries maritimes.

Pendant la traversée de l'estuaire, les services de santé, de la douane, qui avaient accosté le steamer dès son entrée dans les eaux du Tage, ont procédé aux diverses formalités habituelles : vérification de l'état sanitaire ; plombage des colis que vont emporter à la main les passagers parvenus à destination ; en même temps, des cales montent les caisses, les malles et les marchandises pour l'escale.

La coupée ouverte, un pont-volant est jeté sur le quai ; les premières personnes qui montent à bord sont les agents de la Compagnie ; les employés des postes apportant le courrier adressé aux passagers par voie de terre.

Minute délicieuse ! que celle où l'on reçoit, loin de la mère patrie, les souvenirs des êtres chers qu'on y a laissés. Les mains se tendent fiévreuses, des groupes isolés se forment pour ouvrir télégrammes et lettres, d'où s'échappe un peu d'air de France...

— A terre ! à terre ! s'écrie l'un des joyeux compagnons du groupe de Porto, et bientôt les quatre inséparables se trouvent réunis au guichet de sortie du hangar des Messageries, où nous payons le droit de débarquement : un franc par passager.

C'est encore un tramway électrique, fort luxueux, fort rapide, qui nous dépose à la place Venida, en face le théâtre de San Carlos. Nous dévalisons une marchande de cartes postales avec vues de Lisboa, et par les rues Aurea, do Principe, nous débouchons sur la place du Commerce, vaste carré entouré de constructions avec arcades, au centre duquel s'élève la statue de Dom José Ier ; un passant complaisant nous indique le bureau de la poste et du télégraphe.

Nos souvenirs expédiés, nous hélons une voiture attelée de petits chevaux très rapides et nous faisons conduire, par le largo de Comoës, au palais royal d'Ajuda, situé au sommet de la colline la plus élevée. De ce point, le coup d'œil est unique : Lisbonne, le Tage, les coteaux et, par delà, l'Océan ; tout cela forme un tableau animé absolument enchanteur. Le palais royal, immense construction sans style précis, n'offre rien de bien particulier, à l'extérieur du moins.

Par des promenades et des jardins délicieux de fraîcheur, nous revenons au centre de la ville, aux voies larges, aux places animées, mais sans exubérance ; ce qui caractérise, en effet, la population portugaise, c'est le calme et la tenue recherchée. Au lieu du tapage assourdissant, dont retentissent à l'ordinaire les villes méridionales, la foule, d'où ne s'élève qu'une rumeur confuse, est ici composée d'élégants, d'oisifs, de promeneurs. Peut-être y a-t-il dans cet ensemble extérieur plus de désir de paraître que de situation bien assise ; je me suis laissé dire que la vie privée ne répondait pas à cette extériorité, que le confortable passait au second plan. Ce sont là des appréciations impossibles à contrôler en quelques heures d'escale.

Quoi qu'il en soit, nous emportons de Lisboa et des Lisbonnenses affables un excellent souvenir. La soirée est déjà avancée quand nous rejoignons « La Plata ». Durant notre courte absence, le paquebot a fait sa toilette d'été ; la température ira, en effet, croissant, en approchant du tropique. Le nombre des passagers s'est accru sensiblement de familles américaines retournant au Brésil ou au Chili.

La nuit est si belle, l'atmosphère si chaude, que je décide de demeurer sur le pont jusqu'au moment du départ : le coup d'œil en vaut la peine. Éclairée par ses propres réflecteurs et par ceux du quai, la masse imposante du steamer se détache sur la rade. Une activité fiévreuse règne à bord ; les cales engouffrent une masse incalculable de colis arrimés au fur et à mesure dans leurs profondeurs ; le dernier chargement se balance encore dans l'espace, quand le bateau-pilote vient s'accoter à bâbord.

Le commandant accompagne jusqu'à la coupée les

directeurs de l'agence de la Compagnie des Messageries, fait rapidement le tour des galeries, jette des ordres brefs et, grimpant lestement l'escalier de service, gagne la passerelle. Quelques coups de sifflet suivis d'appels de la sirène ; un mouvement imperceptible, une trépidation semblable à un frisson ; l'hélice bat doucement le flot qui descend. La raie lumineuse du quai fait place à un angle obscur dont l'ouverture va augmentant, jusqu'à l'instant où le paquebot prend le milieu du fleuve.

A la hauteur du feu fixe de la tour de Belem, le pilote nous quitte :

— Bonsoir, commandant ; bonne route, lance la voix rude du marin, et son minuscule bateau est déjà à l'arrière.

Je me retourne. Dans le fond de la rade où brillent des centaines de petites étoiles multicolores, Lisbonne disparaît en une pénombre lunaire, que strient par intervalles les éclats du phare. Il est deux heures du matin... Nous reprenons la mer pour quatre jours.

Le rayon vert. — A bord, les heures s'écoulent en flâneries, en lectures ; dans la journée des jeux s'organisent ; des courses ont lieu autour des galeries ; le soir, des musiciennes nous tiennent sous le charme ; à l'heure du thé, les causeries sont animées, pendant que les amateurs de pittoresque vont rêver aux étoiles répandues à profusion dans un ciel sans nuages.

Augmentée de quelques recrues pleines d'entrain, la « colonie » des premières ne s'aperçoit guère de la monotonie de la route. Au surplus, elle n'est point si monotone pour qui sait observer ; en dehors du spectacle changeant de la mer, bien des occasions stimulent l'attention et la curiosité : visite de l'avant où sont installés les services d'approvisionnement, boucherie, boulangerie ; des cuisines, fort curieuses comme disposition et d'où sortent des menus qu'envierait plus d'un grand restaurant de la capitale.

Pour mon compte, après cette inspection générale, j'ai sollicité et obtenu l'autorisation aimable du commandant, de visiter la chambre des machines, sous la conduite du mécanicien en second qui me fait, avec une grâce charmante, les honneurs de son... enfer ; car, c'est un véritable enfer que ces profondeurs d'un steamer, où l'on accède par des escaliers suspendus au-dessus des chaudières.

On demeure quelque peu suffoqué en mettant le pied sur les grilles de la chaufferie où règne une chaleur de 50 à 60°, à peine compensée par les trous de prises d'air descendant du pont.

Il ne faut pas moins de vingt-quatre chaudières, en effet, pour mettre en mouvement le mécanisme compliqué des pistons, dirigé avec une sûreté et une dextérité stupéfiantes, courant dans leurs monstrueux cylindres ; des bielles, des excentriques actionnant l'arbre de couche d'un diamètre de 40 centimètres, allant se perdre au fond de son tunnel et aboutissant à l'hélice. C'est par cinquante tonnes que les foyers dévorent chaque jour le charbon !

En quittant cette fournaise, on revient avec plaisir à la lumière du jour et l'air du large semble encore plus vivifiant.

Depuis que nous avons quitté Lisbonne, ce paradis du Portugal, des mouettes, des goëlands accompagnent le paquebot et font route avec nous. C'est une des grandes distractions de suivre leurs nombreuses courses décrites dans le ciel : sans un battement de leurs ailes blanches étendues, les oiseaux vont, viennent, virevoltent, prennent le vent, montent dans l'azur pour plonger tout à coup dans la vague écumante, reparaître après avoir saisi une proie, et finalement se laisser bercer dans le creux des lames, comme de vulgaires canards.

Plus loin, c'est un navire, voilier ou vapeur, qui apparaît à l'horizon, et chacun de quitter son « rocking », son livre et de s'approcher des bastingages. Le point noir grossit ; le voici à notre hauteur ; quelque chose se détache à l'arrière, le pavillon tricolore nous envoie son salut. C'est un courrier français. De nouveau, nous sommes seuls sur l'immensité.

Dans la nuit, nous passons par le travers du détroit de Gibraltar. La proximité des côtes de l'Afrique se fait sentir par l'élévation accentuée de la température. Bientôt nous longeons les îles Lanzerote et Fuerteventura, du groupe des Canaries, les îles Fortunées des Anciens, qui, un instant, vers 1400, avant de devenir castillanes, appartinrent à la France, de par l'occupation d'un Normand, Jean de Béthencourt.

Fuerteventura s'étend sur une longueur de 80 kilomètres ; elle dresse son piton « aux oreilles d'âne » en face du Maroc oriental, vers les parages du cap Juby où l'État barbaresque confine au grand désert. Quelque peu désertique, d'origine volcanique, c'est la plus proche des Canaries du continent africain ; elle n'offre que de maigres ressources à ses habitants clairsemés.

La traversée se continue dans des conditions exceptionnelles ; à part quelques coups de vent essuyés au passage du tropique du Cancer, le temps demeure au beau fixe, ce qui nous permet de voir, autant du moins qu'il apparaît à cette latitude, le phénomène du « rayon vert ».

A l'instant où le soleil va disparaître à l'horizon, au moment précis où la partie supérieure du disque s'enfonce dans les flots, le dernier rayon lumineux filtrant à travers les vagues faisant office de prisme prend, pendant l'espace d'une seconde ou deux, une jolie teinte vert émeraude.

Ce phénomène est suivi d'un embrasement de l'horizon d'autant plus intense que l'atmosphère est plus pure. Au reste, levers et couchers de soleil sont dans ces parages, par un beau temps, des spectacles féeriques.

Six cents milles nous séparent encore de Dakar. Ces

dernières heures de traversée vont nous laisser le loisir de jeter un coup d'œil sur l'historique de la colonie où nous allons débarquer, sur sa situation, son climat, et les races avec quelques-unes desquelles nous allons prendre bientôt contact.

CHAPITRE II

LE SÉNÉGAL ; SA SITUATION GÉOGRAPHIQUE. — HYDROGRAPHIE ET OROGRAPHIE. — LE FLEUVE SÉNÉGAL ET LES MARIGOTS. — CLIMAT : SAISON SÈCHE, HIVERNAGE, TORNADES. — RACES DIVERSES : OUOLOFS, SÉRÈRES, MANDINGUES, PEUHLS, TOUCOULEURS, MAURES.

LE SÉNÉGAL ; SA SITUATION GÉOGRAPHIQUE. — La côte que nous longeons, basse, aride, sablonneuse, est la continuation de la plage désertique du Sahara ; elle est bordée de bancs de sable comme celui d'Arguin, au sud du cap Blanc et descend, uniformément monotone, jusqu'à la pointe du cap Vert, ne s'entr'ouvant que vers le 16e degré de latitude pour recevoir les eaux de l'immense fleuve qui a été notre première voie de pénétration en Afrique et a donné son nom à la plus ancienne de nos colonies, le Sénégal.

Située en dessous du tropique du Cancer, sans limites précises au nord du fleuve, notre colonie s'étend sur tout le littoral de l'Atlantique compris entre le cap Blanc vers le 21e degré et le cap Roxe au sud de la rivière Casamance, vers le 12e degré de latitude nord, enclavant la Gambie anglaise ; elle s'enfonce vers l'intérieur des terres, du 20e aux environs du 15e degré de longitude ouest. Plate, quelque peu marécageuse, la partie occidentale de la colonie comprenant les côtes présente les embouchures du Sénégal, de la rivière Saloun, de la Gambie, de la Casamance, toutes encombrées de sables ou de terres d'alluvions, sur lesquels la houle de l'océan vient se briser sans cesse, avec plus ou moins de force. Cette poussée continuelle des sables vers la côte forme à l'entrée de chaque cours d'eau des *barres* que les navires ne franchissent que par les temps calmes et à marée haute.

La région littorale se continue sous les noms de : Guinée portugaise ; Guinée française ; Sierra-Leone ; Libéria ; Côte d'Ivoire ; Côte d'Or ; Dahomey ; Lagos et Cameroun.

HYDROGRAPHIE ET OROGRAPHIE. — Cette série de bassins côtiers est divisée en deux groupes par le prolongement du grand plateau de l'Afrique centrale, le massif du Fouta-Djallon, formant des terrasses distinctes, des chaînes plus ou moins parallèles, séparant le haut pays des contrées basses.

Le premier groupe s'arrête au sud de la Guinée française, aux approches de la Sierra-Leone, où viennent mourir les pentes du Fouta-Djallon. A partir de ce point, la côte descend vers le sud-est, en promontoires élevés, pour tourner brusquement à l'est, au cap des Palmes, et creuser le grand golfe de Guinée, où elle redevient basse, sablonneuse, et compose le deuxième groupe.

Tous les fleuves, ou rivières du premier groupe et une partie de ceux du second, descendent du massif du

Fouta-Djallon; c'est là que le mystérieux Niger, longtemps confondu avec le Nil, cachait ses sources. C'est du Fouta-Djallon, près de Timbo, dans la Guinée française actuelle, anciennement les Rivières du sud, que sort le Sénégal.

Le fleuve Sénégal et les marigots. — Le Sénégal coule d'abord du sud au nord, sous le nom de « Bafing », jusqu'à Bafoulabé, où il reçoit le Bakoy et prend le nom de « Sénégal »; puis il se dirige vers le nord-ouest, s'infléchissant de plus en plus vers l'ouest. Son cours décrit un arc de cercle immense, formant au nord comme une ceinture à la Sénégambie, qu'une étroite bande de terre sépare seule du Sahara.

Au delà de Bafoulabé, le Sénégal reçoit à droite, en amont de Kayes, le Kouniakary, qui vient des collines de Kaarta; à gauche, il reçoit la Falémé, rivière importante, descendue du Fouta-Djallon et servant de limite entre le Sénégal et le Soudan. Dans la partie la plus septentrionale de son cours, le fleuve se divise en deux bras enserrant l'île Morfil (l'île de l'ivoire); il passe ensuite entre les lacs Cayar et de Guier, avec lesquels il est en communication par des canaux portant le nom de *marigots*, qui lui servent de déversoirs. Enfin, il se jette dans l'Atlantique, à 14 kilomètres de Saint-Louis ou N'Dar, capitale de la colonie, par une vaste embouchure qu'une barre rend malheureusement d'accès difficile.

Entre tous les fleuves de l'Afrique, le Sénégal offre cette particularité d'être navigable pendant une partie de l'année jusqu'à 200 kilomètres dans l'intérieur, pour les navires de fort tonnage, et pendant la saison des pluies jusqu'à 800 kilomètres, c'est-à-dire jusqu'à Kayes, chef-lieu du Soudan français. Le niveau du fleuve varie, en effet, selon la saison, car le régime de ses eaux se rapproche de celui du Nil. Sous l'action des pluies torrentielles qui tombent vers la fin de la saison sèche, sans interruption pendant plusieurs jours, les bassins des affluents, échelonnés en gradins depuis le Fouta-Djallon, se remplissent, les eaux franchissent les barrages et viennent se déverser dans le Sénégal, non loin de Bakel. Alimenté brusquement par ce débit énorme, le fleuve sort de son lit, atteint les ouvertures des *marigots* ou canaux qui pénètrent dans les terres, et va féconder les plaines riveraines.

Tous les cours d'eau de cette partie de l'Afrique ont un régime similaire.

CLIMAT : SAISON SÈCHE, HIVERNAGE, TORNADES. — Comme les autres régions situées sous les mêmes latitudes, nos possessions intertropicales africaines ont un climat caractéristique : les pluies y sont périodiques et y tombent en grande abondance à des époques fixes; il y a sous les tropiques une saison sèche et une saison pluvieuse ou *hivernage*.

Au Sénégal, la première de ces saisons, ou *saison*

sèche, va du mois de décembre à la fin du mois de mai ; elle est fraîche et agréable, bien que les vents d'est, soufflant une partie de la journée, élèvent parfois la température de 12 à 15° de différence entre celle du matin et celle de l'après-midi ; la région côtière a moins à en souffrir, et l'île de Gorée, en face de Dakar, est complètement à l'abri de la chaleur étouffante qu'ils produisent.

Du reste, la température est fort variable en cette saison suivant les localités ; mais, en général, dans les moments les plus frais, elle ne descend guère le matin et le soir au-dessous de 10° au-dessus de zéro, pour s'élever ensuite, dès que le soleil commence à se faire sentir, à 25 ou 30° à l'ombre et 35 ou 36° au soleil ; sous l'action des vents d'est, il arrive que le thermomètre monte parfois à l'ombre jusqu'à 40°, ainsi que j'ai pu le constater à Podor. Cette saison est saine et permettrait un acclimatement rapide pour les colons, si elle n'était suivie de l'hivernage. Durant ces six mois de saison sèche, il ne tombe pas une goutte de pluie, et le pays offre un aspect quelque peu aride.

L'hivernage, ou saison pluvieuse, survient vers la fin du mois de mai ou le commencement de juin, pour durer jusqu'en fin novembre. Elle débute par des pluies relativement peu abondantes, qui durent un mois ; puis viennent des averses torrentielles, très fréquentes, réparties sur une durée de quatre mois. La température s'élève ; le thermomètre, même sur la côte, se maintient à l'ombre entre 30 et 35°; dans l'intérieur, il oscille entre 40 et 45°.

Cette saison est marquée par deux phénomènes : les *tornades* et la crue du fleuve; ce dernier d'une importance capitale pour les cultures. Les tornades sont de forts coups de vent, survenant brusquement avec accompagnement de pluie et de tonnerre. Quant à la crue du fleuve, elle se produit dès l'apparition des pluies, et atteint son maximum dans le courant du mois d'août; les eaux montent de 5 à 7 mètres, débordent et inondent le pays sur une vaste étendue; puis, vers la fin de septembre, elles se retirent laissant un limon abondant, propre à la culture, mais dont l'évaporation détermine des miasmes paludéens, engendrant les fièvres. Cette période de l'année est la plus fatigante et la plus nuisible à la santé des colons; mais il ne faut rien exagérer; avec une hygiène très sévère, il est facile de s'acclimater, surtout si l'on prend soin de venir, tous les deux ou trois ans, passer quelques semaines en France pour se retremper.

Races diverses. — Au fur et à mesure de notre pénétration dans le pays, nous nous trouverons en contact avec différentes races, tant soit peu mélangées, il est vrai, que l'on peut classer en cinq groupes principaux : les *Ouolofs ;* les *Sérères ;* les *Mandingues ;* les *Peuhls ;* les *Toucouleurs ;* enfin, les *Maures*, qui habitent la rive droite du Sénégal.

Les Ouolofs. — Les Ouolofs ou *Yolofs* forment la population du Cayor, du Djolof, du Oualo, entre Dakar et Saint-Louis. Cette race fournit les plus grands et les plus beaux types de nègres ; mais elle est de caractère apathique, d'intelligence peu ouverte ; à notre contact cependant, une modification s'opère, et les Ouolofs font d'excellents marins ou de bons soldats ; ils sont généralement bien faits, maigres ; leurs traits sont réguliers. Nous les étudierons du reste plus en détail, au moment de la traversée du Cayor.

Les Sérères. — Les Sérères habitent les régions situées au sud du Cayor : le Baol, le Sine et le Saloun ; de même type que les Ouolofs, ils occupent cependant un degré inférieur dans l'échelle sociale des populations noires. Ils sont également musulmans, mais plus fétichistes, et portent sur eux un grand nombre de gris-gris ou amulettes, suspendus à des cordelettes en cuir.

Les Mandingues. — Les Mandingues habitent plus particulièrement les bassins du Haut-Sénégal et du Haut-Niger et le versant occidental du massif du Fouta-Djallon. Cette race se divise en plusieurs branches : les Sarakolés, les Bambaras. Ce sont des noirs de haute taille, d'une force musculaire très développée ; ils sont braves et ont le goût du commerce et de la culture ; entre tous, les Bambaras sont les plus travailleurs et les plus fidèles.

Les Peuhls. — La race Peuhl ou *Poul* se rencontre dans la « boucle du Sénégal », dans le Fouta, le Damga

Type de jeune Peuhl. Le marigot de Doué à l'île Morfil et les tamariniers.

et le Bondou, près de la rivière Falémé. Son origine est un problème ethnologique non encore résolu ; les Peuhls paraissent être originaires de la Libye égyptienne ; leurs traits, leurs formes plus sveltes se rapprochent de ceux des Européens ; ils ont les cheveux à peine laineux, la peau plus claire et leur intelligence les place bien au-dessus des nègres leurs voisins. Ce sont les Peuhls qui ont fondé la majeure partie des États contre lesquels nous avons eu à lutter, et l'un de leurs marabouts, El Hadj Omar (Omar le pèlerin), avait rêvé un empire occupant toute la vallée du Sénégal ; il ne fallut rien moins que l'habileté et le courage du général Faidherbe pour venir à bout de cette levée de fanatiques.

On rencontre les Peuhls un peu partout ; ils vivent à l'état de pasteurs nomades, sont de caractère doux et tendent à devenir sédentaires.

Les Toucouleurs. — Issus du croisement de la race noire avec la race Peuhl, les Toucouleurs forment une sous-race de métis ; ils sont musulmans et on les rencontre dans toutes les entreprises dirigées contre notre domination, à l'époque où celle-ci n'avait pas encore été acceptée. Au demeurant, ce sont des hommes courageux, fidèles, et composant la majeure partie de nos troupes indigènes.

Toutes ces races ont des habitudes communes ; chez toutes, il existe un mélange de fétichisme et d'islamisme ; la femme y est considérée comme étant de condition inférieure, et par suite à elle incombent les travaux des champs, le plus souvent, et les occupations les plus pénibles. Les différentes populations se distinguent par des caractères divers : couleur de la peau, formes du corps, intelligence. En raison des luttes intestines, des migrations, le type primitif tend à disparaître ; on ne le reconnaît plus qu'à la langue, ou mieux encore, aux coutumes, aux mœurs de chaque tribu, comme nous le verrons par la suite.

Les Maures. — A côté de ces populations, entre l'embouchure du Sénégal et le confluent de la Falémé, sur la rive droite du fleuve, vivent les tribus Maures, dont les principales, Trarzas, Brachnas et Douaichs, ont été placées récemment sous notre protectorat et sont en relations avec nos divers postes. Les Trarzas se rencontrent entre Saint-Louis et Dagana, les Brachnas entre Dagana et Podor, et les Douaichs entre Podor et Bakel. Au surplus, ces limites n'ont rien de précis, car les tribus empiètent à chaque instant sur leurs territoires respectifs. Vers le nord, ces territoires n'ont d'autres limites que celle du désert dans lequel circulent les Touareg.

Tel est esquissé l'aspect général du Sénégal et de ses populations.

CHAPITRE III

HISTORIQUE. — DE 1350 A 1854 ; LA PLUS ANCIENNE DES COLONIES FRANÇAISES ; LES PREMIERS COMPTOIRS ET LES COMPAGNIES COMMERCIALES. — ANDRÉ BRÜE, PREMIER EXPLORATEUR DE LA SÉNÉGAMBIE. — LA GUERRE DE SEPT ANS : LE SÉNÉGAL AUX ANGLAIS. — TRAITÉ DE PARIS (1814) : RÉOCCUPATION DE LA COLONIE.

HISTORIQUE. — De toutes les contrées du globe, l'Afrique est assurément celle qui a le plus attiré l'attention à la fin du XIXe siècle, soit par les événements politiques ou militaires qui s'y sont déroulés, soit par les magnifiques résultats géographiques dus à des explorations dignes de l'admiration universelle. A suivre ces hardis pionniers, on se prend à considérer ce mouvement d'exploration comme propre à notre époque ; il n'en est rien cependant. Dès le XIVe siècle, les côtes de l'Afrique étaient connues, et les cartes datant de cette époque prouvent que certaines régions parcourues de nos jours avaient été explorées, notamment par les Portugais.

C'est ainsi que la Bibliothèque municipale de Rochefort possède un ouvrage de Pierre Davity, *Description de l'Afrique*, édité en 1630, et une carte dressée par Bertius, géographe hollandais, qui indique parfaitement la position des fleuves et des lacs reconnus de nos jours.

On y relève assurément de grosses erreurs provenant du défaut des connaissances scientifiques des voyageurs, du manque d'instruments précis, mais elles n'enlèvent rien à la valeur du document.

Parmi ces erreurs, il en est de curieuses : par exemple, les bouches du Sénégal et de la Gambie, prises pour celles du Niger[1], qui lui-même semble sortir du lac Tchad ; le Congo, qui paraît avoir la même origine que le Nil. Davity cite les cataractes du Sénégal et du Congo ; il mentionne même un détail ethnographique relevé par Stanley[2], l'existence, dans le voisinage du Congo, de peuplades de couleur blanche ; le doute n'est donc pas possible.

On pourrait se demander comment ces voyages n'ont pas laissé de traces plus durables ; il faut tenir compte de l'époque d'abord et aussi peut-être d'une réserve voulue, afin de conserver les avantages commerciaux résultant des explorations.

Qu'en conclure ? C'est que l'Afrique a été découverte deux fois, tout simplement ; qu'il a fallu autant de courage aux premiers explorateurs pour y pénétrer, qu'il en a fallu et qu'il en faut encore aux explorateurs actuels,

[1] Le Niger ou *Djoliba*, le fleuve des *griots*.

[2] Journaliste américain, correspondant du *New York Herald* envoyé en 1869, par Gordon-Benett, directeur du journal, à la recherche de l'explorateur anglais Livingstone, en mission dans l'Afrique centrale et qu'il retrouva à Oujiji, près du lac Tanganyika. Après la mort de Livingstone, Stanley revint en Afrique, et la traversa de l'océan Indien à l'Atlantique. Ce fut pendant le voyage qu'il découvrit les sources du Congo. Stanley est mort en 1904, en Angleterre.

qui n'ont rien à envier à leurs devanciers ; car l'Afrique, fermée naguère à toute pénétration européenne, est aujourd'hui grande ouverte à ceux qui ont foi en son avenir, et s'il fallait aux hésitants une preuve de la puissance de l'initiative privée, du système d'association entre hommes intelligents et actifs, la création de notre colonie du Sénégal en est une, indiscutable et probante.

DE 1350 A 1854. LA PLUS ANCIENNE DES COLONIES FRANÇAISES. LES PREMIERS COMPTOIRS ET LES COMPAGNIES COMMERCIALES. — En dehors des comptoirs français fondés sur la côte occidentale d'Afrique, vers l'an 1350, et bien avant la venue des caravelles portugaises conduites par le Vénitien Ca da Mosto[1], qui aborda à l'embouchure du Sénégal, ce fut en effet un groupe de négociants dieppois et rouennais, réunis sous la raison sociale « La Compagnie normande », qui installa, en 1626, un comptoir sur le futur emplacement de Saint-Louis[2].

Complètement livré à lui-même, sans aucune subvention, sans autre soutien que l'autorisation officieuse du cardinal de Richelieu, cet établissement allait pendant

[1] Ca da Mosto partit du cap Saint-Vincent, au sud du Portugal, le 22 mars 1455, sur une caravelle de 90 tonneaux, armée par l'infant Don Henri de Portugal. Il débarqua à l'embouchure du Sénégal et entra en relations avec le chef du Cayor ou damel, qui, à cette époque, se trouvait en lutte avec un de ses frères ; aidé des Portugais, il tenta une résistance inutile et se décida à venir solliciter les secours du roi de Portugal, Jean II. Celui-ci lui fournit vingt caravelles bien armées pour aider à son rétablissement sur le trône et construire un fort sur le Sénégal.

[2] *Les colonies françaises*. Paris, 1889. Notices du sous-sécrétariat d'Etat.

cinquante ans, sous des dénominations diverses, agir en toute liberté, et former le noyau de la colonie actuelle, en dépit des événements politiques.

A cette époque, la Hollande, l'une des premières puissances maritimes, occupait les points d'Arguin, de Gorée, de Rufisque sur la côte ; elle avait en quelque sorte mainmise sur la région.

Malgré les difficultés de la situation, la « Compagnie normande » ne cessa de prospérer jusqu'en 1665, date à laquelle les établissements fondés passèrent entre les mains de la « Compagnie des Indes occidentales », qui avait obtenu de Colbert la concession du privilège exclusif du commerce. Cette concession était du reste un acheminement vers la réunion au domaine de la Couronne des comptoirs de l'Afrique occidentale, ce qui eut lieu en 1675, alors que le privilège était passé entre les mains d'une nouvelle société, la « Compagnie du Sénégal ». A l'initiative privée allait succéder l'action du gouvernement, résultat dû à la modification de la situation politique. Pendant la guerre de Hollande, les points occupés jadis par notre rivale : Arguin, Rufisque, Gorée, étaient tombés en notre pouvoir, et le traité de Nimègue (1678) avait ratifié cette possession ; la colonie se dessinait.

Cependant, les négociants qui formaient la « Compagnie du Sénégal » s'étaient trouvés profondément lésés dans leurs intérêts par le retrait du monopole concédé. Ils réussirent à se faire rendre le privilège ;

mais la réouverture des hostilités avec la Hollande les ruina, et ils durent peu après vendre leurs factoreries à la « Compagnie du Sénégal, côte de Guinée et d'Afrique ». Cette dernière, dont le champ d'action était beaucoup trop vaste relativement à ses capitaux, se fractionne en « Compagnie du Sénégal » et « Compagnie de Guinée ».

Sans nul doute, ces deux Compagnies, eussent achevé l'œuvre entreprise par les précédentes, si la guerre n'était venue encore une fois entraver leurs efforts (1692) et compromettre même l'existence de la colonie, dont les points de Saint-Louis et de Gorée furent enlevés par le gouverneur de la Gambie anglaise, sir Booker, entre les mains duquel ils ne restèrent que fort peu de temps, nos troupes les ayant réoccupés en 1693.

A la « Compagnie du Sénégal » succéda la « Compagnie royale du Sénégal, caps Nord et d'Afrique », qui construisit le fort Saint-Joseph et dont les opérations dirigées par André Brüe devinrent rapidement florissantes. La guerre de la succession d'Espagne, survenue en 1709, allait malheureusement annuler en partie les résultats acquis. Les opérations commerciales ne furent reprises qu'en 1718 par la « Compagnie des Indes » à la tête de laquelle se trouvait le fameux banquier Law qui racheta le privilège pour un million de livres tournois. Law avait apprécié à sa juste valeur l'activité et l'intelligence de Brüe, directeur de l'ancienne société ; il le maintint à son poste.

André Brüe, le premier explorateur de la Sénégambie. — Avec André Brüe, nous voyons se développer le premier programme nettement conçu d'expansion coloniale en Afrique, c'est-à-dire non plus la création pure et

Fortins de Bakel remontant à l'époque de l'occupation passagère des Anglais, sous le premier Empire.

simple de comptoirs, mais l'entrée en relations avec les indigènes, l'ouverture de débouchés, l'extension du commerce d'échange et la reconnaissance des régions voisines. Brüe fut en quelque sorte le premier explorateur sérieux de la Sénégambie, car il n'est guère possible de tenir compte de quelques parcours effectués sur le fleuve, par des voyageurs n'ayant laissé aucune trace durable.

Son premier soin fut de chercher à assurer à la France,

à l'exclusion des étrangers, le trafic commercial. A cet effet, il entra en relations avec le roi ou damel du Cayor, et partit en sa compagnie de Rufisque pour Saint-Louis, traversant ainsi ses États. Cette première exploration se termine par la conclusion d'un traité, stipulant que les navires étrangers ne pouvaient trafiquer ni à Saint-Louis, ni à Rufisque.

Mais Brüe avait compté sans la duplicité indigène ; le damel, au mépris du traité passé, laissait trafiquer les étrangers à Rufisque, et quand les réclamations de notre compatriote devinrent pressantes, il paya d'audace, le fit conduire à Rufisque et l'y retint prisonnier. La venue de deux bâtiments de guerre français modifia aussitôt ces dispositions malveillantes.

Rendu à la liberté et tranquillisé du côté du Cayor, André Brüe mit à exécution un plan caressé depuis longtemps : remonter le cours du Sénégal. Il réunit une petite flottille avec laquelle il visita les escales du fleuve ; entra en relations avec les Maures Brachnas ; parcourut l'île Morfil et pénétra dans le Fouta, ou boucle du Sénégal. De grandes fêtes furent données en son honneur ; un palabre fut tenu, suivi d'un traité.

Ces travaux de pénétration étaient couronnés d'un trop grand succès pour ne pas les poursuivre. Notre vaillant explorateur poussa jusqu'au confluent de la Falémé dont il remonta le cours. Là, suivant son programme, il entra en pourparlers avec le roi du pays et obtint non seulement la construction d'un comptoir, mais celle d'un fort qui prit le nom de « fort Saint-Joseph ». Continuant son exploration, il reprend la vallée du Sénégal et s'arrête non loin de Bafoulabé, où il termine son itinéraire, représentant plus de 200 lieues.

De retour à Saint-Louis, Brüe ne borne pas son action aux régions soumises à notre influence ; il juge que celle-ci doit s'étendre jusqu'aux possessions étrangères voisines, et durant deux années parcourt la Gambie, aux Anglais, avec lesquels il règle diverses questions pendantes ; la Casamance, qui appartenait alors aux Portugais, et forme aujourd'hui une des plus riches provinces de notre colonie.

Les événements politiques le rappelèrent en France; il ne revint au Sénégal qu'en 1714, comme directeur de la « Compagnie des Indes ».

Dès son débarquement, le nouveau directeur reprit la suite de ses explorations. Son attention se porte sur le lac Cayar, situé non loin de Saint-Louis, il décide d'y installer un poste pour la traite de la gomme, afin de détourner le trafic d'Arguin retombé entre les mains des Hollandais, avec lesquels les Maures trafiquent activement.

L'occupation d'Arguin devenant urgente, Brüe transmit un rapport à Paris. Les raisons invoquées parurent sans doute péremptoires, car quelques mois après, en février 1717, une division française, à la tête de laquelle se trouvait Perrier de Salvert, se présentait devant la place, qu'une compagnie de débarquement occupait.

Furieux, les Hollandais, qui ne possédaient cependant aucun droit sur Arguin, s'allièrent avec les Maures Trarzas et poussèrent ceux-ci à attaquer les Français. Arguin fut repris par Ely Chandora, roi maure, en 1722; mais cette occupation fut de courte durée. Deux ans plus tard, Perrier de Salvert s'en rendait maître à nouveau.

Non content d'agir par lui-même, Brüe envoya des reconnaissances dans l'intérieur. L'un de ses principaux employés, du nom de Compagnon, explora la vallée de la Falémé et rapporta sur ces contrées des renseignements détaillés. En 1725, le directeur de la « Compagnie des Indes » quittait définitivement le Sénégal, laissant la colonie dans un état de prospérité inconnue jusqu'alors. Si l'on veut bien réfléchir à la modicité des moyens dont il disposait, on demeurera émerveillé devant les résultats obtenus par notre compatriote, dont le nom n'est pas assez connu et l'on déplorera d'autant plus que les guerres continentales aient retardé les effets de l'œuvre accomplie... Un siècle allait s'écouler avant qu'elle ne fut reprise !

LA GUERRE DE SEPT ANS. TRAITÉ DE PARIS. — Au départ de Brüe, la situation de la colonie était des plus satisfaisantes, ses successeurs n'avaient qu'à suivre la route tracée, lorsqu'éclata la guerre de Sept ans. En 1758, les Anglais s'emparent de Saint-Louis, de Gorée, mettent la main sur le commerce et substituent à la « Compagnie des Indes », la « Compagnie royale anglaise d'Afrique ». Le traité de Paris qui suivit rendit Gorée à la France ; peu après, le duc de Lauzun reprenait Saint-Louis, en 1779.

Le Sénégal retombe, pendant les campagnes du premier Empire, entre les mains de l'Angleterre, qui

Blockaus élevé par les Anglais aux environs de Bakel.

s'avance jusqu'aux portes du Soudan et construit des fortins à Bakel ; il n'est réoccupé par nos troupes qu'en 1817, trois ans après la signature du traité de Paris (1814). Le naufrage de la « Méduse », l'un des bâtiments de l'escadre chargée de l'occupation, sur les bancs d'Arguin, a rendu tristement légendaire cette page de notre histoire coloniale. A partir de cette date, la colonie va végéter jusqu'en 1854. Pour un certain temps, les événements vont reporter l'attention vers le nord de l'Afrique, où l'incident du coup d'éventail nous ouvrit le plus vaste horizon colonial, qu'il fût possible de rêver : Alger était occupé le 5 juillet 1830.

Seules, des tentatives isolées de pénétration dans le continent africain ont lieu pendant les années intermédiaires. Celle de Raffenel, qui tente, en 1846, de gagner le bassin du Nil ; celle de Panet, qui avait formé à la même époque le projet de traverser le Sahara, de rejoindre l'Algérie et fut arrêté au seuil du désert.

CHAPITRE IV

De 1854 a 1904 ; le gouverneur Faidherbe : son œuvre. — Soumission des Maures. — Lutte contre El Hadj Omar. — Le siège de Médine ; Paul Holl. — Pacification du Cayor. — Le chemin de fer de Dakar a Saint-Louis.

De 1854 a 1904 ; le gouverneur Faidherbe : son œuvre. — Il faut arriver aux premières années du second Empire en 1854, pour voir la colonie du Sénégal prendre son essor définitif, sous le gouvernement du commandant Faidherbe [1], qui succède au capitaine de vaisseau Protet, alors gouverneur.

Depuis un quart de siècle, la colonie était réduite à l'île de Saint-Louis, continuellement en butte aux incursions des Maures Trarzas, dont l'audace n'avait fait que grandir en présence des événements, pillant, rançonnant, imposant des tributs annuels, des droits, des « coutumes », qui nous mettaient, vis-à-vis des

---

[1] Faidherbe (Louis), né à Lille, en 1818. Elève de l'Ecole Polytechnique, promu officier dans l'armée du génie, passa plusieurs années en Algérie, puis à la Guadeloupe, où il fit une étude approfondie de la colonisation. Envoyé à l'état-major du Sénégal, il en fut bientôt nommé gouverneur. Retourné en Algérie comme général de brigade, il fut rappelé en France en 1870, par Gambetta, qui le nomma général de division et lui confia le commandement de l'armée du Nord. Il donna des preuves de sa capacité en battant les troupes prussiennes à Pont-Noyelles (3 décembre 1870) et à Bapaume (4 janvier 1871). Elu député, le chef du pouvoir exécutif, M. Thiers, le nommait quelques mois plus tard grand officier de la Légion d'honneur.

populations, dans un état de vassalité. Chaque année, un chef de l'île de Sor percevait le loyer de l'île Saint-Louis ; les commerçants subissaient des vexations de toutes sortes, ne pouvant trafiquer que dans des escales désignées par les chefs indigènes, payant des droits exorbitants. Cet état de choses était intolérable.

Vers la fin de 1851, les chefs de comptoirs adressèrent une pétition au Gouvernement[1] pour demander la création de postes fortifiés à Dagana et à Podor, et la suppression des escales ouvertes par les noirs.

Leurs réclamations furent entendues, et le capitaine de vaisseau Protet, accompagné du capitaine du génie Faidherbe, s'empara de Podor, où un poste fut construit. Ce fut après l'ouverture de la campagne que Faidherbe, nommé chef de bataillon et gouverneur, entreprit l'exécution du programme qui devait nous rendre définitivement les maîtres absolus du Sénégal, et dont les grandes lignes étaient : la suppression des tributs, droits et coutumes payés aux chefs noirs ; établissement de notre suzeraineté sur tout le pays ; suppression des escales et réglementation du trafic de la gomme ; soumission des Maures Trarzas.

Le nouveau gouverneur consacra à cette œuvre grandiose toute son énergie et son habileté, pendant près de dix ans, malgré les difficultés de toutes sortes. Trois années durant, il mena double campagne : luttant contre

[1] De Lanessan, *l'Expansion coloniale de la France*, 1886.

les Maures, à la saison sèche, et profitant de la saison des pluies pour gagner le Haut-Sénégal, où il combattait les chefs musulmans, qui tentaient de nous chasser des postes créés. Contre les Maures, c'était l'attaque soudaine, imprévue, au moment où ils se livraient à leurs incursions sur notre territoire, la confiscation de leurs armes et troupeaux ; contre les villages insurgés du fleuve, c'étaient des expéditions courtes, rapides ; on rasait les cases et l'on emmenait les troupeaux après avoir prélevé une partie des approvisionnements.

Malgré cette répression énergique, il fallut près de trois ans pour chasser les Maures de la rive gauche, et fait qui prouve quelle était la terreur dont ils étaient l'objet, lorsque le gouverneur fit appel aux habitants du Sénégal, pour lutter contre les ravisseurs de leurs récoltes, de leurs troupeaux, de leurs femmes et enfants, il se trouva en face d'une résistance inattendue ! il fallut commencer par faire la conquête des environs de Saint-Louis, ou du Oualo, avant d'avoir raison des Maures.

Cette conquête dura deux ans, et la reine Yalla se réfugia au Cayor ; elle fut remplacée par un Ouolof, Fara Penda, tout dévoué à notre autorité. Tranquille de ce côté, le commandant Faidherbe se retourna contre les Maures, dont le chef Mohammed El Habid n'eut peut-être pas mieux demandé que de se soumettre, mais que son entourage poussait à la résistance. C'est ainsi que le gouverneur lui ayant envoyé un ultimatum pour la suppression des escales et des droits, la cessation des incursions, le chef Trarza répondit : « J'ai reçu tes conditions, voici les miennes : augmentation des droits et coutumes ; destruction des postes bâtis par toi ; défense à tout navire de guerre d'entrer dans le fleuve ; enfin, avant tout, renvoi du gouverneur Faidherbe. »

Cette dernière clause indiquait bien la crainte que Faidherbe avait su inspirer à ces sauvages ; néanmoins, il mit près de trois ans à obtenir leur soumission. Il était, en effet, difficile d'atteindre un ennemi ayant devant lui les vastes espaces du désert pour échapper à notre poursuite ; la réduction par la famine, en interceptant les communications avec le Sénégal, était l'unique moyen à employer, et il réussit, non sans avoir été accompagné cependant de plusieurs combats parfois sanglants.

Soumission des Maures. — Au début de l'année 1858, le chef des Trarzas demanda à entrer en pourparlers pour négocier un traité de paix ; bientôt, cet exemple fut suivi par le chef des Maures Brachnas. Aux termes des divers traités signés, les chefs Maures reconnaissaient notre autorité sur tous les pays de la rive gauche, désormais affranchis des droits et coutumes. Aucun Maure armé ne pouvait traverser le Sénégal ; la traite de la gomme était réglementée et les points où devait s'opérer le trafic étaient désignés : Dagana, Saint-Louis pour les Trarzas ; Podor et Saldé pour les Brachnas ; de plus, le gouverneur était reconnu pour *protecteur* des tribus maures.

La première partie du programme qu'il s'était fixé étant accomplie, Faidherbe se consacra à la pacification du haut-fleuve et à la pénétration dans le Cayor.

Lutte contre El Hadj Omar. — Notre ennemi le plus acharné dans le Haut-Sénégal était un marabout torodo, ou toucouleur, du nom de « Omar », né dans l'île Morfil, à Podor ; au retour d'un pèlerinage à la Mecque, il arriva dans son pays, se faisant appeler El Hadj Omar[1], après avoir déjà commencé dans le Fouta-Djallon des conquêtes qui devaient le rendre maître du Soudan occidental. Jeune encore et presque inconnu, il ne put réunir qu'un petit nombre de prosélytes, au début ; mais, lorsque quelques années plus tard, le bruit de ses conquêtes parvint dans son pays natal, l'enthousiasme fut à son comble, et de toutes les provinces du Fouta se levèrent des contingents pour aller grossir son armée.

A partir de cette époque (1852), El Hadj Omar fut considéré comme un grand chef, et toutes les fois qu'il eut besoin de nouvelles forces, il se rapprocha du Fouta ; il avait formé le projet de nous chasser du pays.

En 1854, il menace nos postes de Bakel, fait piller les traitants du fleuve et pousse l'audace jusqu'à envoyer aux indigènes habitant Saint-Louis une proclamation les engageant à se tourner contre les Français, auxquels

[1] Le mot *hadj* veut dire pèlerin, qualificatif qu'ajoutent à leur nom ceux qui ont fait le voyage de La Mecque.

il déclare la guerre sainte ; cette proclamation vaut la peine d'être citée.

« Maintenant, disait-il, je fais usage de la force et je ne cesserai que quand la paix me sera demandée par votre tyran [1], qui devra se soumettre à moi, suivant ces paroles de notre maître : « Fais la guerre aux gens qui « ne croient ni en Dieu ni au jugement dernier, ou qui « ne se conforment pas aux ordres de Dieu et de son « prophète, au sujet des choses défendues, jusqu'à ce « qu'ils paient le tribut religieux par la force et qu'ils « soient humiliés. »

« Quant à vous, enfants de Saint-Louis, Dieu vous défend de vous réunir à eux ; il vous a dit que celui qui se réunira à eux est un infidèle : Vous ne vivrez pas pêle-mêle avec les juifs et les chrétiens ; celui qui le fera est lui-même un juif ou un chrétien. Salut ! »

Les hostilités commencent ; le gouverneur se rend à Bakel ; il est reçu à coups de fusil dans son parcours de la région avoisinant le poste : la guerre est engagée ; guerre redoutable qui durera jusqu'en 1860, date de la fuite du marabout fanatique vers l'intérieur du Soudan.

Dans cette longue période de luttes, il y eut un instant où El Hadj Omar put caresser l'espoir de faire essuyer à nos armes un grave échec : ce fut pendant la saison sèche de 1856.

Le siège de Médine. Paul Holl. — Il est impos-

[1] Le gouverneur.

sible, dans un livre d'éducation, de passer sous silence l'un des épisodes les plus émouvants de cette partie de notre extension coloniale. Le récit du siège de Médine par El Hadj Omar donne à lui seul l'idée exacte de la façon dont a eu lieu la conquête du Soudan; il est rapporté ainsi par le capitaine Pietri, dans son ouvrage : *les Français au Niger* :

« En 1857, le poste de Médine, créé par Faidherbe, était commandé par un mulâtre de Saint-Louis, Paul Holl ; c'était un homme déjà connu par son énergie et son intelligence ; à un patriotisme éprouvé, il joignait une certaine passion religieuse, capable de s'exalter encore dans la lutte contre les musulmans.

« La garnison se composait de sept Européens, vingt-deux soldats noirs et une trentaine de laptots ou marins de Saint-Louis. C'était peu; mais on verra que le courage et le dévouement peuvent suppléer au nombre. Le village noir était défendu par près de 2 000 Khassonkés de Sambala, mais il était encombré d'une foule de vieillards, de femmes et d'enfants au nombre de 5000 à 6000, venus se réfugier sous les murs du poste, à l'annonce de l'invasion des troupes d'El Hadj Omar.

« Ces troupes étaient au moins de 15000 combattants, suivis d'une si grande quantité de femmes et d'esclaves, qu'à voir cette foule circuler sur les étroits sentiers du pays, elle semblait innombrable.

« Paul Holl s'attendait depuis longtemps à une attaque; les préparatifs de défense les plus sérieux avaient été faits; le fort avait été relié au village à l'aide d'un mur en terre et d'une palissade, derrière lesquels on avait construit des hangars pour abriter les réfugiés.

« Pendant qu'à Médine on prenait les dernières dispositions, El Hadj Omar faisait construire des échelles de bambou et accumulait au village de Sabouciré les munitions pour ses troupes, tout en continuant ses prédications enthousiastes. Il se défendait, il est vrai, de pousser son armée au combat, mais lui disait en termes obscurs, que les canons ne partiraient pas contre elle, s'il plaisait à Dieu. Lui-même ne donnait plus aucun ordre. C'étaient ses lieutenants qui préparaient l'attaque : il ne voulait pas y assister et demeura à Sabouciré.

« Les assaillants étaient partagés en trois colonnes de force inégale. La plus nombreuse devait attaquer le fort, la seconde donner l'assaut au village, la troisième faire une diversion sur une face du poste. L'assaut était décidé pour le 20 avril. La veille, une femme échappée de Sabouciré vint en avertir le commandant ; au point du jour, l'ennemi parut.

« Le village fut attaqué le premier ; mais au moment où Paul Holl dirigeait de ce côté son artillerie, il aperçut la colonne principale, marchant sur le fort, en masse profonde et silencieuse, tête baissée, comme des hommes bien décidés à ne pas reculer. En tête, un guerrier portait l'étendard du marabout ; derrière venaient les hommes munis des échelles pour l'escalade.

« Paul Holl avait donné ordre de ne tirer qu'à son signal ; il laissa la colonne s'avancer à bonne portée, puis à son commandement, les canons et les fusils partirent tous à la fois.

« L'effet sur cette masse compacte fut si sanglant, que les assaillants hésitèrent ; malgré la prédiction du marabout, les canons partaient et portaient ; mais l'hésitation ne fut pas longue, et entraînés par la voix de leurs chefs, les soldats, poussant des cris, reprirent plus rapidement leur marche en avant, malgré le feu toujours meurtrier partant des créneaux. Cette fois, l'élan est si vigoureux qu'ils atteignent le pied du mur, placent leurs échelles et donnent l'assaut ; un moment, leur étendard flotte sur le rempart. Les assiégés redoublent d'efforts, une lutte corps à corps s'engage. Enfin, le porte-étendard est tué, les échelles sont culbutées et l'ennemi recule en subissant de grandes pertes ; les morts laissés sur le terrain témoignaient de son opiniâtreté, de l'ardeur de la lutte ; mais il n'était pas habitué aux revers, et celui-ci ébranla la confiance dans le marabout.

« Quand les Toucouleurs rejoignirent El Hadj Omar, à Sabouciré, ils le trouvèrent ferme et confiant dans le succès final. La lutte engagée maintenant, sans son aveu, il pouvait agir et diriger lui-même ses soldats. Il les gourmandait, attribuant leur insuccès à un manque de foi et à leur impatience ; enfin, il réussit à relever leur courage et à leur rendre confiance.

« — Vous avez voulu vous battre malgré moi, leur « dit-il ; vous voici vaincus. Dieu vous punit et vous « êtes désespérés comme des femmes. »

« Médine, un instant délivré, vit bientôt reparaître l'ennemi ; un blocus rigoureux se forme autour de ses murs à l'aide de postes cachés à bonne portée. Fort heureusement, on avait encore des vivres ; avant de le réduire par la famine, les assiégeants tentèrent de prendre le village par la soif, celui-ci tirant toute son eau du fleuve. Il existait en face du poste, au milieu du Sénégal, un îlot de sable assez élevé d'où l'on commandait la rive gauche sur laquelle s'élève Médine ; en même temps, le talus du côté opposé était assez raide pour servir d'abri contre les projectiles du village. Un poste de laptots occupait ce point important ; mais une nuit, ils furent surpris, délogés après un combat assez vif et plus de cent Toucouleurs occupèrent l'îlot. Le lendemain, les habitants qui, suivant leur habitude, allèrent au fleuve, furent reçus par une grêle de balles. Le danger était sérieux : à tout prix, il fallait reprendre l'îlot.

« Tout d'abord, on pourvut aux premiers besoins en allant puiser de l'eau en petite quantité de la manière suivante : plusieurs hommes se plaçaient à la file sous une pirogue renversée qu'ils soutenaient sur leurs épaules et dont ils se servaient comme d'un bouclier contre les balles ennemies. Ils s'approchaient ainsi du fleuve péniblement, tout courbés, et en rapportaient chacun une calebasse remplie d'eau. C'était une manœuvre dangereuse, que les plus braves seuls osaient exécuter; mais dès le lendemain, l'embarcation du poste était armée; elle était couverte et blindée de peaux de bœufs que les balles ennemies ne pouvaient traverser.

« Sous un feu violent, Paul Holl la fit mettre à flot; le sergent Desplat et une quinzaine de laptots la montèrent et lui firent prendre le large; l'îlot retomba en leur pouvoir et les Toucouleurs prirent la fuite. Le blocus, tous les jours plus resserré, n'en continuait pas moins; les souffrances des assiégés augmentaient; les approvisionnements diminuaient. Vers la fin du mois de juin, il y avait encore un peu de miel, des arachides et des biscuits; mais ce qui manquait absolument, c'était le feu; depuis longtemps on n'avait plus de combustible pour la cuisson des aliments.

« Paul Holl donnait à tous l'exemple de l'abnégation; son activité, son ardeur, augmentaient à mesure que la détresse du poste devenait plus grande. Il avait su communiquer à ses hommes la foi et la passion du devoir. Les sept Français, soldats bien humblement gradés de notre armée, avaient généreusement compris leur devoir: ils représentaient la patrie, dans ce coin du Sénégal; l'honneur du drapeau leur était confié, et leur âme s'était élevée à la hauteur de cette tâche.

« Les munitions commençaient à manquer; mais le Commandant prétendait en avoir ses magasins remplis.

Quand le chef du village lui en demandait pour répondre au feu des Toucouleurs, il lui disait :

« — Lorsque le jour du combat sera venu, je t'en « donnerai tant que tu voudras ; ménage celles que « tu as. »

« Et durant ce temps, il vidait en secret ses obus, pour en faire des cartouches ; il écrivait à Saint-Louis, à Bakel, à Diakanpé, où se trouvait l'aviso « Guet N'Dar » : « Il ne nous reste qu'une dizaine de paquets « de cartouches ; nous avons beaucoup de fusils inutiles, « faute de pierres. »

« Les eaux, malheureusement, étaient encore trop basses et les courriers, malgré leurs ruses, ne pouvaient que rarement franchir les lignes ennemies. Les officiers des postes voisins et de l'aviso faisaient des efforts inouïs pour rallier des indigènes et les conduire au secours de Médine ; mais la terreur était trop grande parmi les populations. L'aviso avait profité d'une première crue du fleuve pour se dégager et remonter vers Médine ; au bout de quelques milles, il s'était échoué contre les rochers et avait été réduit à l'immobilité.

« Les Toucouleurs, qui le surveillaient de la rive, l'avaient cru perdu et à peu près sans défense. Ils avaient formé une forte colonne sur chaque rive et avaient marché résolument à travers le lit du fleuve, à l'assaut du *sakhar*. Mais l'équipage veillait ; il laissa les assaillants s'approcher jusqu'à bonne distance, au point où leur colonne était embarrassée, en désordre, au milieu des roches glissantes, et ouvrit un feu meurtrier. Les Toucouleurs forcés à la retraite n'avaient pu regagner les berges qu'après avoir laissé dans le fleuve de nombreuses victimes, morts ou blessés.

« Malgré ce succès partiel, l'impuissance où l'on était de secourir Médine était manifeste ; tous les efforts avaient échoué. Ces tristes nouvelles parvenaient jusqu'aux assiégés, amplifiées par les récits des Toucouleurs ; toujours impassible, Paul Holl démentait ces nouvelles qu'il savait vraies cependant ; sa résistance n'en devenait que plus vive.

« Étonnés et inquiets de cette opiniâtreté, les assiégeants commencaient à désespérer d'en venir à bout. Le marabout leur démontrait que ces apparences de vigueur cachaient l'affaiblissement de la garnison. Croyant lui-même les assiégés plus affaiblis qu'ils n'étaient, il disposa tout pour une attaque de nuit. Les hommes les plus braves étaient désignés, et l'on se disposait à partir, quand une émeute se produisit contre les exigences d'El Hadj Omar : celui-ci voulait leur faire porter des outils pour démolir le tata ou réduit du village que l'on devait attaquer le premier. Furieux de cette rébellion imprévue, le marabout se précipita en avant, chargea sur ses épaules les outils et partit en poussant son cri de guerre : « Lâ ilah illallah ! Mahmadou raçoul allah[1] ! »

« Honteux, ses guerriers le suivirent, l'empêchèrent

[1] « Il n'y a pas d'autre dieu que Dieu, et Mahmadou est l'envoyé de Dieu. » — C'est la profession de foi musulmane ou Chahadet.

d'aller plus loin et se portèrent avec impétuosité vers le point désigné pour l'attaque, mais ils ne purent surprendre le fort, qui ouvrit contre eux un feu violent et les força à reculer.

« C'était le suprême effort de la garnison, qui venait de brûler ses dernières cartouches ; en cas d'un nouvel assaut, elle n'avait plus d'autres ressources que de s'ensevelir sous les ruines du fort. Les rôles pour cet acte ultime furent distribués et acceptés avec tout le calme qui convenait à des soldats. Paul Holl devait sauter avec l'habitation ; le sergent Desplat, avec la poudrière, dès que l'ennemi aurait forcé l'enceinte.

« On était au mois de juillet. Pendant que Médine arrivait ainsi aux limites extrêmes de la résistance, les secours approchaient. Deux avisos étaient armés à Saint-Louis et la crue ayant commencé plus tôt que d'habitude, le 2 juillet, le gouverneur, colonel Faidherbe, put s'embarquer. En remontant le Sénégal, il apprenait des nouvelles de moins en moins rassurantes : l'aviso, crevé et à demi submergé, ne résistait que par des prodiges de valeur et d'activité ; on ne savait rien sur le sort de la ville assiégée. Enfin, le 18 juillet, la flottille arrivait en vue de Médine, aux rochers des Kippes, qui enserrent le cours du Sénégal et forment un rapide dangereux en temps ordinaire. Ce jour-là, les Toucouleurs en occupaient les sommets.

« Le colonel Faidherbe se décida, en présence de cette situation, à forcer le passage par terre et par eau, sans attendre de nouveaux renforts. A six heures du matin, l'aviso le « Basilic » s'embossa à portée d'obusier des rochers des Kippes et les canonna alternativement. En même temps, le gouverneur débarqua pour prendre le commandement des colonnes d'attaque, fortes de cinq cents hommes, dont cent blancs. Il porta la première colonne au pied de la position à enlever, fit lancer deux obus et sonner la charge : soldats, laptots, volontaires, officiers en tête, escaladèrent les rochers avec beaucoup d'entrain; l'ennemi les abandonna sans résistance. On prit alors position de manière à répondre aux coups de fusil partant de la rive gauche et à protéger le passage du « Basilic », auquel l'ordre fut donné de franchir le rapide.

« La colonne descendit ensuite sur le bord du fleuve vis-à-vis de l'aviso, et de là, on aperçut, à travers une plaine immense, le fort de Médine...

« Le pavillon français flottait sur un des blockhaus ; mais aucun bruit, aucun mouvement ne prouvait que le fort fût occupé. Toute la colonne passe alors sur la rive gauche, refoule les Toucouleurs et se rapproche de Médine. Mais le fort ne donnait toujours pas signe de vie et cela paraissait inexplicable quand on savait que Médine contenait plus d'un millier de défenseurs armés. Enfin, le colonel Faidherbe, ne pouvant contenir son impatience, se lance au pas de course sur les positions ennemies.

« Jusqu'au dernier moment, les Toucouleurs montrèrent une audace incroyable, tant était grande leur exaspération de voir leur échapper une proie qu'ils tenaient déjà si bien. Les défenseurs avaient enfin donné signe de vie. Paul Holl, en tête, ils étaient sortis en poussant des cris d'allégresse et s'étaient jetés dans les bras de leurs libérateurs. Toutes les souffrances étaient donc finies, et tant d'efforts n'avaient pas été stériles.

« Mais quel spectacle navrant pour les nouveaux venus! Les environs du poste avaient l'aspect d'un charnier. A l'intérieur du village, le tableau était encore plus désolant; une foule affamée, en guenilles, des femmes, des vieillards, des enfants surtout, pouvant à peine se traîner, entassés, grouillant au milieu des immondices et n'ayant même pas la force de remercier ceux qui venaient les délivrer. Certes, le secours était arrivé à point!

« Pendant que le combat se continuait au dehors, le chef du village, Sambala, qui voulait prendre sur El Hadj Omar sa revanche, vint demander à Paul Holl cette poudre tant promise, puisque enfin le jour du combat était venu.

« — Je n'en ai pas, répondit Paul Holl.

« — Et ces magasins tout remplis?

« — Il n'y a que des caisses vides.

« — Mais pourquoi me disais-tu?... Ah! je comprends « maintenant! Vous autres blancs, vous pensez à tout.

« Quelques jours après, le colonel Faidherbe infligeait à El Hadj Omar, une nouvelle défaite et le marabout fuyait devant nos troupes.

« Une pierre a été posée à la place même où se livra le combat acharné du premier jour du siège. Elle porte le nom des défenseurs de Médine. »

Malgré de nouvelles et dures leçons infligées à ses troupes, El Hadj Omar n'abandonna pas la partie, et profitant des saisons sèches qui coupaient les communications avec Saint-Louis, il dévastait les villages qui refusaient de se soumettre à son autorité. Cet état de choses dura jusqu'à la prise du village de Guémou, en 1859; l'année suivante, El Hadj Omar demanda à traiter. Nous étions enfin maîtres de l'ennemi du Haut-Sénégal.

Pacification du Cayor. — Débarrassé du marabout, Faidherbe se tourna vers la côte, le Cayor étant le seul État avec lequel nous n'avions pas de traité, situation d'autant plus préjudiciable à nos intérêts que le pays placé entre Dakar et Saint-Louis se trouve au centre de notre colonie. Or, jusqu'en 1860, le Cayor avait échappé à notre influence; les traitants y étaient soumis à des vexations de toutes sortes; les habitants eux-mêmes étaient victimes des spoliations et de la tyrannie de leur damel ou roi qui ne se gênait pas pour les vendre comme esclaves en échange de poudre ou d'eau-de-vie.

Un premier traité conclu avec le damel d'alors, Biraïma, nous concéda le droit d'établir dans le pays une ligne télégraphique allant de Gorée-Dakar à Saint-

Louis, de créer des caravansérails et des relais pour les courriers et les traitants. Les successeurs du damel violèrent ce traité à différentes reprises, ce qui nécessita l'intervention de plusieurs colonnes; mais, finalement, le Cayor fut momentanément pacifié après le combat de Loro, où le lieutenant-colonel Laprade infligea une sanglante défaite au damel Lat-Dior.

Peu après, le colonel Faidherbe quitta le Sénégal (1865), ayant relevé et parachevé l'œuvre commencée par André Brüe; il y laissait le souvenir non seulement d'un valeureux soldat, mais encore d'un habile administrateur.

Sous son gouvernement, la ville de Saint-Louis s'était transformée; des quais avaient été construits, ainsi que des ponts les reliant à la terre ferme. Ce fut lui qui signala la position stratégique de Dakar et obtint une ligne de paquebots entre ce point et Bordeaux. Il eut enfin l'honneur de préparer l'occupation de la vallée du Haut-Sénégal et du Niger, par l'envoi des explorateurs Mage[1] et Quentin jusqu'au fleuve mystérieux.

Les successeurs de Faidherbe, le colonel Pinet-Laprade, le gouverneur Valière, continuèrent à pacifier les régions voisines de la côte : le Sine, le Saloun, la Casamance.

[1] Mage, lieutenant de vaisseau, périt en 1870, avec le navire « La Dordogne » qu'il commandait et qui vint se briser sur les côtes de l'île d'Ouessant, où il a été enterré.

L'inauguration de la voie ferrée entre Dakar et Saint-Louis acheva la pacification du Cayor.

Le chemin de fer de Dakar a Saint-Louis. — Interrompu par les événements de 1870, le mouvement d'expansion ne fut repris qu'insensiblement. En 1871, le gouverneur Valière reçoit la soumission du damel Lat-Dior, revenu sur le théâtre de ses anciens exploits. Par traité, il était reconnu roi du Cayor et s'engageait à protéger les Français. Renouvelé en 1879 par le gouverneur Brière de l'Isle, ce traité promettait au damel l'appui de nos armes ; en échange, il accordait la jouissance d'une route sur laquelle ne devait pas tarder à être établie la voie ferrée de Dakar à Saint-Louis, installation qui ne se fit pas sans quelques velléités de résistance, même de la part du damel qui tenta, aidé de son neveu Samba-Laobé, de soulever les Maures et le Cayor contre nous. Lat-Dior battu et déchu, son neveu fit sa soumission et signa en 1883, avec le colonel Bourdiaux, gouverneur, une convention annulant tous les traités antérieurs, plaçant le Cayor sous le protectorat français et reconnaissant nos droits pour la construction du chemin de fer, des postes fortifiés ou des gares. Quant à l'ancien damel, il était exclu du Cayor où depuis règne la plus grande tranquillité.

L'inauguration, en 1885, de la voie ferrée Dakar-Saint-Louis acheva la pacification, et à part quelques colonnes pour faire rentrer dans l'ordre des tribus turbulentes, la colonie put enfin travailler dans le calme et la sécurité, à son développement qui fait chaque jour les plus rapides progrès.

Ici s'arrête l'histoire du Sénégal proprement dit : plus avant, c'est la conquête du Soudan, par les Galliéni, les Binger, les Monteil, les Marchand ; l'épopée qui nous a rendus maîtres de l'immense territoire prolongeant la France d'Afrique jusqu'au Congo, par le Tchad, sur les rives duquel sont venus se rencontrer les Foureau, les Gentil.

Vieille souche de nos colonies africaines, le Sénégal a vu grandir autour de lui la Guinée française, la Côte d'Ivoire, le Dahomey, l'immense Soudan, toutes ses filles en quelque sorte, bien qu'ayant chacune leur autonomie, sont groupées aujourd'hui et forment le *Gouvernement général de l'Afrique occidentale*, dont le siège vient d'être transféré de Saint-Louis à Dakar, où « La Plata » nous débarquera dans quelques heures.

CHAPITRE V

ARRIVÉE AU SÉNÉGAL. — GORÉE ; RENÉ CAILLÉ. — DAKAR ; UN CONCERT COLONIAL. — DÉPART POUR SAINT-LOUIS. — A TRAVERS LE CAYOR. — LES OUOLOFS. — ARRIVÉE A SAINT-LOUIS ; LE PONT FAIDHERBE.

ARRIVÉE AU SÉNÉGAL. — Nous avons passé devant l'embouchure du Sénégal, pendant la nuit. Au lever du soleil, à l'horizon embrasé, apparaît encore imprécise une ligne grise, qu'on devine plutôt... la terre est en vue. La mer est « d'huile » ; une brise délicieuse tempère les ardeurs des rayons solaires traçant sur le clapotis miroitant des vagues une route lumineuse.

Bientôt, nous distinguons la côte : basse, jaunâtre, avec un fond de cocotiers clairsemés, dressés vers le ciel bleu et éployés en panaches ; elle se relève aux approches de la presqu'île du Cap-Vert, en une falaise abrupte, précédée de deux croupes inégales portant le nom très descriptif de « Mamelles », dont l'une est couronnée par un phare à éclipse.

La silhouette de Dakar se précise : les bâtiments militaires, casernes, hôpital, coupent les hauteurs de leurs lignes blanches. Le paquebot double la pointe du Cap et passant devant l'île de Gorée, qui commande l'entrée du port, vient mouiller dans la rade vaste et sûre, creusée en demi-cercle au sud de la presqu'île.

Nous sommes au Sénégal.

A peine le navire a pris son corps-mort, qu'il est entouré par une nuée de canots montés par des noirs. En quelques instants, le pont, déjà encombré de colis, est envahi ; la circulation y devient aussi difficile qu'un jour de mi-carême sur les boulevards de Paris. Au milieu d'un brouhaha indescriptible, de cris, d'interpellations de portefaix se disputant pour enlever les bagages, les Sénégalais échangent leurs adieux avec le personnel du bord et avec leurs amis d'occasion continuant vers l'Amérique du Sud.

De notre côté, nous sommes groupés trois allant vers l'intérieur et avons décidé de ne pas nous quitter ; l'union fait la force, en voyage surtout. Le gai compagnon de route rencontré à Bordeaux, bien au courant des us et coutumes du pays, a tôt fait de modérer les intempestifs assauts des moricauds ; sous sa direction, notre cargaison de colis est entassée dans un canot à voile, où nous prenons place à notre tour, juchés tant bien que mal, qui sur une caisse, qui, sur le plat-bord de l'esquif. Nous quittons « La Plata »; quelques instants plus tard, je remettais le pied sur la terre d'Afrique, déjà parcourue plus au nord.

Notre canot aborde à l'extrémité d'un « wharf »[1], où s'empile sa cargaison. Cette fois, il faut se fâcher pour avoir un peu d'air autour de soi. Ils sont là, une

[1] Appontement avançant dans la mer.

cinquantaine de grands diables de nègres à moitié nus qui s'arracheraient cantines et caisses, si on les laissait faire. Nous en choisissons vingt, et nous partageons la surveillance du transport jusqu'à la gare voisine du wharf; ce sera autant de besogne de moins pour le lendemain.

Débarrassés de nos impedimenta, nous gagnons l'hôtel, où nous pouvons enfin procéder à une toilette complète, revêtir un costume plus léger et changer notre coiffure d'Europe contre le casque colonial, indispensable sous ce soleil de feu.

Un saut au télégraphe; une visite au délégué du gouverneur pour faire établir les réquisitions, et laissant mes deux compagnons parcourir la ville, que j'aurai le loisir de visiter plus amplement à mon retour, je décide d'aller à Gorée.

Gorée. René Caillé. — Simple rocher, de 800 à 900 mètres de largeur, et d'environ 3 kilomètres de pourtour, cet ilôt, conquis en 1677 sur les Hollandais, a centralisé longtemps tout le commerce de la côte, à l'époque où les négociants ne pouvaient y résider en sécurité: de là son importance à cette époque.

Depuis la pacification du Cayor, commencée par Faidherbe, et la création de Dakar, cette dernière a grandi au détriment de Gorée. En escaladant les rues étroites, tortueuses, qui aboutissent au fort dominant la rade et d'où l'on jouit d'un coup d'œil merveilleux sur la mer, le souvenir de René Caillé[1], se présentait à mon esprit.

Ce fut en effet de Gorée que partit, en 1825, notre audacieux compatriote auquel revient la gloire d'avoir pénétré le premier des Européens, dans la mystérieuse Tombouctou, et d'avoir déchiré le voile légendaire qui l'entourait. Dissimulant sa nationalité sous un costume de marabout mendiant, il avait quitté Saint-Louis, muni d'une recommandation d'un commerçant, pour une femme Signare élevée à la française, et tenant hôtel à Gorée. Celle-ci l'avait hospitalisé, en attendant le départ de la goélette du trafiquant, allant dans la rivière de Gambie.

Ce souvenir consacré sur place à Caillé fut le seul côté intéressant, mais combien rempli d'émotion ! de ma visite à Gorée, dont l'aspect n'offre rien de particulier en dehors de sa situation stratégique.

Dakar. Un concert colonial. — Quelques heures plus tard, je flânais dans les rues de Dakar, éclairées par la lumière de la lune, d'une pureté et d'une intensité telles qu'on y voyait comme en plein jour. Bâtie en étages au-dessus de la mer, Dakar offre au voyageur un aspect moins monotone qu'on pourrait s'y attendre. C'est une cité en formation, ayant déjà acquis un beau développement ; à côté d'habitations modestes en briques et en planches, s'élèvent de fort

[1] Fils d'un pauvre boulanger, né à Mauzé (Deux-Sèvres).

jolies constructions à l'européenne ; les rues larges, bien entretenues, aboutissent à de beaux boulevards ombragés, dont l'un fait le tour de la ville. Le port, vaste et sûr, est abrité par une jetée récemment achevée, le long de laquelle les quais en voie de développement permettront aux bâtiments de s'amarrer à la terre.

Quand les travaux maritimes et de fortification seront terminés, cette ville fondée en 1865 par le gouverneur Pinet-Laprade deviendra la principale station et le point d'appui de notre flotte, dans l'Afrique occidentale ; elle constituera aussi le port principal d'importation, Rufisque étant devenu celui de l'exportation.

Tout en circulant un peu au hasard, je me retrouve devant l'hôtel, où deux affamés attendent le retardataire. Après un repas qui nous fait regretter les menus de « La Plata », nous décidons d'aller terminer la soirée au concert.

J'avoue très franchement que j'étais quelque peu sceptique sur la valeur de la troupe et en particulier sur l'installation de l'établissement ; aussi éprouvai-je un réel plaisir à constater que le « Jardin de Paris » de Dakar n'est pas aussi au-dessous de son concurrent des Champs-Elysées que je l'aurais cru.

Installée en plein air, sous le couvert d'arbres touffus, la scène, avec son fond drapé d'étoffe rouge, est bien dans le ton local, et la troupe ni plus ni moins mauvaise que celle de bien des concerts de province. Il faut savoir apprécier ce que l'on a : par cette tiède soirée, les chansonnettes accompagnées des accords d'un piano, certainement sous l'influence de la chaleur, soulèvent les applaudissements d'un auditoire européen et indigène, ne demandant qu'à s'amuser.

Comme tout concert qui se respecte, celui-ci se termine par une tombola, dont la pièce principale est un superbe mouton noir. L'apparition du quadrupède sur la scène, conduit par un bipède aussi noir que lui, et roulant des yeux blancs sur la foule, est saluée d'un fou rire général et de lazzi : ces deux silhouettes se détachent sur la draperie rouge, en si grotesque posture qu'il est impossible de garder son sérieux ; aussi, les billets sont-ils rapidement enlevés. 84 !... le numéro gagnant est entre les mains de l'un de nous, bien embarrassé de ce surcroît imprévu d'approvisionnement. Finalement, le mouton est offert au maire de Dakar venu se joindre à nous, et c'est en joyeux monôme que nous conduisons au domicile de son nouveau propriétaire le quadrupède tant soit peu ahuri.

Au moment où nous mettons le pied sur la terrasse de l'hôtel faisant face à la rade, « La Plata » double la pointe de la jetée et ses feux disparaissent bientôt dans la nuit étoilée, pendant que nous nous glissons sous nos moustiquaires.

Départ pour Saint-Louis. — Bien avant le jour, tout l'hôtel est sur pied ; le train quotidien montant à Saint-Louis part à sept heures. Nous avons juste le temps de boucler nos cantines, de les faire transporter à la gare et de procéder à l'enregistrement de la pyramide de nos colis.

Dans la lumière crue de cette matinée plus que fraîche, — il n'y a certainement pas 15°, — le coup d'œil qu'offre la petite cour de la gare, recouverte de coquillages concassés, est un tableau d'une tonalité de couleurs à tenter la palette d'un peintre. Costumes clairs des Européens se mélangent aux costumes foncés des indigènes, aux envolées des « boubous »[1] blancs de jolies négresses, les unes rieuses, amusées de grimper en wagon; les autres portant, campés sur leurs reins, retenus par une ceinture d'étoffe, des bébés joufflus, qui sucent un morceau de canne à sucre ou de banane, sans plus s'inquiéter de ce qui se passe autour d'eux. Et dans un papotement allant crescendo, tout ce monde envahit les compartiments de troisième classe réservés aux noirs.

Un coup de sifflet; nous quittons la côte... nous allons refaire en sens inverse, par terre, le chemin parcouru en paquebot quarante-huit heures auparavant.

A TRAVERS LE CAYOR. — Confortablement installé dans un compartiment de première, à couloir central, je regarde défiler le paysage exotique. Au sortir de Dakar, le train longe la rade pendant quelques instants, tra-

[1] Longue chemise sans manches.

verse des dunes de sable pour s'engager un peu plus loin entre les cocotiers, au delà desquels nous perdons l'océan de vue. Les cocotiers font bientôt place aux baobabs énormes, aux tamariniers immenses ; nous entrons dans le Cayor, dans la brousse, où l'on aperçoit, çà et là, des troupeaux de bœufs surveillés par des nègres qui accourent le long de la voie pour voir passer le train.

Vêtus de boubous en cotonnade bleue, haut perchés sur des jambes maigres, mais bien musclées, la tête nue, ils sautent, gambadent, en faisant mille contorsions, qui donnent bien la note du caractère enfantin de cette race. Il y a loin de leur allure à celle des Arabes au maintien grave et plutôt solennel : au reste, l'ambiance n'est pas la même.

Un instant, nous revenons au bord de la mer, pour nous arrêter à Rufisque, le grand port d'exportation des arachides, dont on aperçoit les wharfs dans le lointain. Je me réserve, au retour, d'y faire halte, ainsi du reste qu'en d'autres points du Cayor, méritant mieux qu'un arrêt de quelques instants. Pour le moment, il s'agit de gagner Saint-Louis, où nous attend le fluvial.

A partir de Rufisque, le train va s'enfonçant de plus en plus dans des forêts de baobabs, piquant droit vers le nord.

Voici Pout, avec ses vendeuses de bananes fraîches, offertes sur des paillassons artistement tressés. Jolies ? non, mais mignardes, ces vendeuses, aux formes déjà accusées, aux cheveux coquettement nattés, aux dents de nacre que découvre leur incessant babil, ponctué d'éclats de rire, ce qui suspend momentanément le va-et-vient du morceau de « sétio »[1] avec lequel elles se frottent les gencives et les dents du matin au soir. Quant aux bananes, elles sont tout simplement délicieuses, et ont une toute autre saveur que celles qui sont exportées encore vertes en Europe.

Sébikotane avec son marché important ; Thiès ; Tivaouane, autant de stations, autant de villages, où viennent aboutir les produits du Cayor et du Baol, les cargaisons d'arachides.

En quittant Tivaouane[2], nous apercevons les premiers chameaux ; la brousse change d'aspect : de touffue, elle devient de plus en plus éclaircie ; durant des kilomètres, la voie traverse des espaces ravagés par le feu. Ici, l'incendie a abattu des rôniers, rongé le pied des baobabs[3] ; là, il s'est attaqué sans succès à des tamariniers demeurés verts en dépit de la chaleur dégagée par cette fournaise volontairement créée.

Les indigènes, en effet, ont coutume, la récolte termi-

[1] Bois tendre, ressemblant à la réglisse, formant, une fois humecté et mâchonné, comme une brosse à dents très douce.

[2] Gare inaugurée en 1897, par M. Lebon, alors ministre des Colonies, lors d'un voyage trop rare, pour ne pas le citer.

[3] Les baobabs du Sénégal sont vraisemblablement les plus vieux arbres existant actuellement sur la terre. Quand ils furent visités en 1450 par le vénitien Ca'da-Mosto, quelques-uns atteignaient 40 mètres de circonférence. Trois siècles plus tard, le naturaliste Adanson les retrouva tels qu'ils avaient été décrits et leur attribua cinq mille ans d'existence.

née, de mettre le feu à la brousse, afin d'obtenir d'abord un engrais, de se débarrasser des insectes, des animaux qui pullulent durant les chaleurs, et surtout de détruire les terribles termites, petites fourmis blanches dont les ravages sont incalculables.

Et puisque j'ai le plaisir d'écrire quelques pages destinées peut-être à décider une activité à se tourner vers la colonisation au Sénégal, ce que je souhaite, je dois à mes futurs lecteurs de m'étendre sur cette question des feux de brousse, si importante et si discutée dans nos colonies tropicales. Cette coutume indigène est, en effet, considérée comme excellente par certains et condamnée par d'autres, comme néfaste pour l'avenir cultural des régions où elle est pratiquée.

J'avoue, d'après ce que j'ai pu constater sur place, me ranger à cette dernière opinion. Il est certain que *fréquemment* répétés, dans des conditions plutôt mauvaises, ce qui est le cas le plus souvent, les feux de brousse appauvrissent le sol, car ils ont comme résultat une perte notable de matières renfermant l'azote, de matières organiques qui sont entraînées non pas dans le sol, par les pluies de l'hivernage, mais à sa surface durcie sous l'action des feux. Cela est si vrai qu'aux abords mêmes de Dakar, à l'entrée du Cayor, des terres sableuses, autrefois couvertes d'une végétation forestière vigoureuse, dont il subsiste encore des vestiges, sont aujourd'hui appauvries et que les cultures y deviennent moins faciles que dans les endroits non soumis à l'action du feu. On pourrait donc, *a priori*, dire que les feux de brousse sont néfastes, et ce principe est corroboré par l'exemple des colonies hollandaises et anglaises, où les colons se sont abstenus de cette coutume.

De là, à conclure que dans tous les cas il faut s'abstenir de cette coutume, c'est aller trop loin, — il importe en ceci, comme en toute méthode culturale, d'examiner le pour et le contre, d'agir selon les circonstances, et de peser les avantages et les inconvénients.

Au premier abord, on est étonné de cette façon de procéder de la part des indigènes, mais si l'on réfléchit un instant, on le comprend. Les peuplades chez lesquelles nous importons notre civilisation, nos procédés de culture perfectionnés, n'avaient avant notre venue aucun souci des résultats des feux de brousse, et cela par la raison toute simple qu'ils disposaient d'immenses étendues de terrain, que leur caractère, leur intelligence relative ne les portaient pas à envisager les conséquences et à penser au lendemain; c'était pour eux, non seulement le moyen le plus commode de défricher, s'adaptant parfaitement à leur nonchalance innée, mais le seul de se procurer un engrais, à leur point de vue. Ils n'avaient pas été non plus sans s'apercevoir que les étendues soumises à ces incendies volontaires, surtout dans les parties de pâturages, donnaient un regain dont profitaient leurs troupeaux, et quand ces pâturages, obtenus ainsi, devenaient fatalement moins abondants d'année en année, ils changeaient de place. Aujourd'hui que les délimitations de cercles, de cantons, sont venues limiter leur humeur vagabonde, apparaît le côté défectueux de la coutume, qui, répétée toujours sur le même point, gaspille les réserves des matières fertilisantes accumulées dans la terre, amène le déboisement, sans compter les autres dégâts causés par le manque de surveillance; des cultures, le feu se communiquait aux forêts et, sous l'action des vents d'est du début de la saison sèche, se propageait avec une rapidité foudroyante pendant des kilomètres et des kilomètres.

Voilà le côté néfaste de l'emploi des feux de brousse. Ont-ils des avantages en certains cas ? — Assurément; ils détruisent des myriades d'insectes ou d'animaux nuisibles; ils sont à employer pour le défrichement de terres à mettre en culture, et dans ce cas les pertes de matières organiques sont compensées et n'ont pas une très grande importance, puisque les feux de brousse ne doivent pas se renouveler par la suite à époques fixes.

Actuellement, en l'état des choses, il serait imprudent pour ne pas dire impossible, de vouloir obtenir des indigènes la disparition de cette coutume, d'une façon absolue; on ne change pas du jour au lendemain les habitudes des noirs surtout, et cette mesure si elle était réalisable, entraînerait de graves conséquences. De pareilles modifications ne s'obtiennent que petit à petit, au fur et à mesure du développement des connaissances culturales inculquées aux indigènes, auxquels on fera comprendre qu'ils ont intérêt à ne pas gaspiller les réserves de la terre, à surveiller les feux afin d'éviter sa propagation au delà des parties où il doit produire son action. De la sorte, on arrivera à une réglementation progressive, dont les heureux résultats seront la meilleure démonstration aux yeux des noirs.

A titre de documents instructifs, je citerai ici l'opinion de M. Prudhomme, inspecteur d'agriculture, dont les études dans nos diverses colonies, à ce sujet, peuvent être considérées comme bases de toute méthode culturale sous les tropiques :

« Interdiction absolue des feux de brousse dans les forêts de grande taille; dans les broussailles reprenant à l'état de jeunes rejets, des essences capables de les reconstituer; à plus forte raison, dans les parties de la forêt ayant reçu un commencement de défrichement; car, si la forêt à l'état naturel, en pleine végétation, résiste mieux à l'action du feu, il n'en est pas de même de celle défrichée sur certains points. Voici pour la conservation forestière.

« Interdiction absolue de l'emploi des feux de brousse pour les pâturages, pour les cultures (mil, manioc, maïs, patates, etc.); ce qui est surtout nuisible dans ces derniers cas, c'est l'emploi répété du feu, faisant disparaître les principes fertilisants du sol. C'est cet abus qu'il faut arriver à supprimer sous peine de rendre stériles d'immenses étendues dont on n'a pas encore tiré parti pour les cultures.

« L'application des feux de brousse est cependant

Saint-Louis. — Le pont Faidherbe à pile centrale tournante sur le Sénégal (600 mètres).

recommandable parfois. Leur emploi judicieux peut permettre de détruire dans certains cas d'énormes quantités d'insectes nuisibles ayant envahi un terrain (sauterelles, criquets, termites). L'emploi du feu est nécessaire pour faire disparaître des foyers d'infection, des maladies contagieuses des cultures, des végétaux envahisseurs, dont la multiplication rapide s'oppose à toute culture régulière. Il est aussi à recommander pour le nettoyage initial du sol.

« Dans tous ces cas, il n'est employé qu'à titre exceptionnel et ne présente pas d'inconvénients, sous cette réserve que toutes les précautions convenables seront prises pour empêcher l'incendie de s'étendre au delà de la limite voulue. »

J'ai tenu à insister sur cette question des feux de brousse, d'abord parce qu'elle est importante et trouve sa place ici, mais aussi parce que j'estime qu'en matière de colonisation l'unité intelligente, ou le colon, a le devoir d'aider au développement intellectuel des noirs qu'il emploie, et d'être en quelque sorte l'auxiliaire de ceux qui sont appelés à diriger les services d'une colonie, et dont ils ne peuvent que réglementer les grandes lignes.

Les Ouolofs. — La matinée s'avance ; le soleil est déjà chaud quand nous arrivons à Kellé, à mi-chemin, pour déjeuner au buffet, qui mérite, entre parenthèses, un bon point. Restaurés, nous reprenons nos places dans notre wagon dont les fenêtres munies d'un ingénieux système de volets articulés disposés en auvent à l'extérieur, interceptent les rayons solaires tout en ménageant un courant d'air entretenant une fraîcheur relative, car notre thermomètre n'accuse pas moins de 28°. Somme toute, les compartiments rembourés de crin, disposés en couloir, avec plate-forme à chaque extrémité, sont confortables, munis de lavabos, de tablettes pour écrire, de cendriers et de ventilateurs. Aux stations suivantes, N'Dande, Louga, ce ne sont plus des fruits que viennent offrir les vendeuses, mais du lait en bouteille, ou des morceaux de canne à sucre. Le type féminin a déjà changé : nous sommes au cœur du Cayor, chez les Ouolofs. D'une taille élevée, bien pris, ils ont en général la peau noire et luisante, le nez un peu aplati, les lèvres épaisses ; mais il n'est pas rare de rencontrer surtout chez les femmes de fort belles physionomies, des traits fins, réguliers. Par contre, le développement de l'intelligence n'est pas en rapport avec le développement physique ; les Ouolofs occupent le bas de l'échelle entre toutes les races de l'Afrique occidentale. Ils se sont peu policés encore, à notre contact, bien qu'ayant avec nous de fréquentes relations ; la question religieuse entre pour beaucoup dans cette réserve ; c'est affaire de temps. Leur costume est plus sombre que celui des populations de la côte ; c'est toujours le boubou, mais en cotonnade bleue de préférence ; les hommes portent de grandes bandes de cette cotonnade, enroulées autour de la tête, comme coiffure, et disposées de la façon la plus extravagante, ces échafaudages, le mot n'est pas exagéré, s'appellent des « temba sembès » ; d'autres, surtout les marabouts, sont coiffés d'un chapeau de cuir rougeâtre, terminé par un panache de bandelettes menues en cuir également, le tout affectant la forme vague d'une pyramide.

Au reste, particularité digne d'être signalée, tout ce monde est propre, gai, poli même ; le maintien ne manque pas de noblesse de gestes.

Arrivée a Saint-Louis. Le pont Faidherbe. — M'Pal! nous approchons de Saint-Louis. La brousse fait place à une plaine, à des cultures maraîchères, à des jardins ombragés de bananiers gigantesques, de cocotiers sous les palmes vertes et dentelées desquelles se cachent des habitations rustiques, et le train stoppe en gare, en face du village de Sor, ou Bouëtville ; il est cinq heures et demie ; c'est avec plaisir que nous sautons de notre wagon sur le quai.

La gare n'offre rien de particulier ; elle ressemble à nos petites gares de France, sauf le va-et-vient des indigènes dont les vêtements aux couleurs criardes piquent d'une note bien locale la cohue des voyageurs.

La nuit est venue quand, nos colis partis enfin pour l'hôtel, nous arrivons à l'entrée du pont Faidherbe [1],

[1] Elevé par M. Mairesse, et inauguré en 1898. M. Mairesse, chargé des tra-

immense construction entièrement métallique, à pile centrale tournante, franchissant les 600 mètres du Sénégal, qui séparent Sor de l'île N'Dar ou Saint-Louis, dont les globes électriques scintillent dans le lointain.

vaux de la 1re section de la ligne de Konakry au Niger, est mort en Guinée en 1901.

CHAPITRE VI

SAINT-LOUIS. — N'DAR-TOUT ET GUET-N'DAR ; LA POINTE DE BARBARIE. — LE MARCHÉ DE SAINT-LOUIS. — PRÉPARATIFS DE DÉPART POUR L'INTÉRIEUR.

SAINT-LOUIS. — A l'hôtel, un désagrément nous attend ; toutes les chambres sont prises ; nous sommes dispersés aux quatre coins de la ville. J'échoue à une sorte de maison meublée, à l'entrée du quartier indigène. La porte ouvre sur un corridor sombre aboutissant à une cour intérieure, dans laquelle, à la lueur d'une allumette, j'aperçois pêle-mêle des moutons, des chèvres, des enfants et des chevaux.

Aux appels de mon boy[1] d'occasion, une mulâtresse tenant un photophore[2], apparaît à un balcon et, en français, m'invite à gravir l'escalier conduisant aux chambres situées au premier étage. Une persienne poussée, je me trouve dans une vaste pièce blanchie à la chaux, garnie d'un lit et d'une chaise, tous deux en fer, d'une table à toilette boiteuse, et... c'est tout : les maisons dites « meublées » sont faciles à monter dans ces conditions ! Mais, bast ! à l'heure présente, la question du confortable

---

[1] Domestique noir.

[2] Chandelier avec verre, en usage aux colonies.

m'importe peu; j'ai repris mes habitudes de broussard; je paie mon porteur, envoie une négrillonne servant de bonne me quérir de l'eau et flanque tout le monde à la porte pour procéder à un débarbouillage en règle, que nécessitent les dix heures de chemin de fer, et revêtir un costume un peu plus chaud, car les soirées sont très fraîches par rapport aux heures de la journée; or, l'hygiène est la principale des conditions pour se bien porter aux colonies, la moindre imprudence pouvant avoir des suites funestes.

En dépit du sommier défoncé et des chants nasillards d'amateurs de musique déambulant dans la rue, je dors comme un loir; il fait grand jour lorsque les bruits montant de la cour me réveillent. Tout en m'habillant, je jette un coup d'œil sur le caravansérail du rez-de-chaussée, occupé par des familles noires; la cour est curieuse à observer.

Assis au milieu des chèvres, nu comme un ver, un gamin est occupé à traire l'une des bêtes; dans un angle, une superbe négresse pile du mil à tour de bras, tout en fumant dans une mignonne pipe en terre rouge; en face d'elle se tient, son moutard à califourchon sur les hanches, une plantureuse bambara[1], la calebasse sur la tête, attendant la fin de l'opération du pilonnage; à côté, une vieille à la peau ratatinée donne à manger à toute la gent emplumée, cependant qu'un grand diable

[1] Race originaire du Soudan.

à mine sauvage, aux cheveux ébouriffés, vêtu d'un boubou noir, et que je reconnais pour un Maure, fait « salam »[1] dans un coin.

Et comme pour rendre le contraste plus frappant, voici la mulâtresse dont je suis l'hôte, qui descend l'escalier, élégamment habillée à l'européenne, pour venir se mêler à ses locataires, en voie de civilisation... Malgré moi, cette réflexion me vient, comme elle m'est venue tant de fois au pays arabe :

— Est-ce un bien ? est-ce un mal ? de vouloir trop civiliser...

Sur cette boutade philosophique, j'allume une cigarette et comme j'ai à moi les premières heures de la journée, j'en profite pour parcourir la ville, car le soir même le « Borgnis-Desbordes »[2] nous emmène vers l'intérieur.

La matinée est fraîche, délicieuse avec la brise venant de l'océan et sous ce soleil, inondant le paysage de lumière intense, Saint-Louis laisse une impression plutôt gaie.

N'Dar-Tout et Guet-N'Dar ; la pointe de Barbarie. — Mais où, diantre, un voyageur venu ici il y a quelques

[1] Faire « salam » ou faire des prières selon le rite mahométan.

[2] L'un des bateaux faisant le service du fleuve et portant le nom du colonel d'infanterie de marine qui a délivré le capitaine Galliéni, alors prisonnier d'un chef des environs de Ségou, sur le Niger, et a mené plusieurs campagnes dans le Haut-Sénégal. Borgnis-Desbordes, né à Provins, est mort à Hanoï en 1900, étant commandant des troupes de l'Indo-Chine comme général de division.

années a-t-il été chercher que N'Dar ressemblait à Alger, avec des nègres en plus !

Bâtie sur une petite île de 3 kilomètres de longueur, sur 500 mètres de largeur, la capitale actuelle de notre colonie de la côte de l'Afrique occidentale ne rappelle en rien Alger, la blanche El-Djezaïr[1]. Non pas que sa situation au milieu du cours majestueux du Sénégal, dont les rives sont distantes de 1 000 à 1200 mètres, n'offre un côté pittoresque, mais elle semble ensevelie dans le sable et sous la verdure des quelques cocotiers bordant la pointe de Barbarie, langue de terre qui s'étend entre la rive droite du fleuve et l'océan, où il se jette à 10 ou 12 kilomètres plus bas, par une large embouchure malheureusement obstruée par l'existence de la barre, limitant sa libre communication avec la pleine mer pour des bâtiments supérieurs à 2 000 tonnes, et encore ne passent-ils qu'au moment de la marée.

La ville est séparée en deux quartiers distincts : le quartier européen, occupant le centre et la pointe sud ; le quartier indigène, occupant la pointe nord. Dans le premier, les constructions sont assez régulières, bien qu'adaptées au climat ; la résidence du gouverneur, véritable palais situé au milieu d'un massif verdoyant, dominé par une sorte de belvédère surmonté du pavillon tricolore et des mâts de signaux du service de la barre, prend façade sur la place du Gouvernement, où se dresse

[1] Le mot *El-Djezaïr* veut dire la presqu'île, l'île.

la statue de Faidherbe. Erigée à l'extrémité d'une allée centrale formée par une rangée de vieilles caronades fichées en terre, cette statue fait face à la ville : tout à côté se trouve le kiosque de la musique.

Aux abords de la Résidence, sont groupés les bâtiments des divers services : postes et télégraphes, douanes, bibliothèque, bureaux de la marine, l'hôpital, le cercle des officiers ; non loin, la cathédrale.

Quant au quartier indigène, il se compose de cases, de maisonnettes groupées autour de la mosquée ; je crois bien que c'est là le seul point de ressemblance avec Alger, mais avec beaucoup de bonne volonté.

Le quartier européen, trop à l'étroit dans l'île, s'est étendu depuis peu sur les deux rives ; c'est ainsi que s'est formé, sur la rive gauche, le joli faubourg de Sor, déjà rempli de cottages ; que le village de N'Dar-Tout (Petit Saint-Louis), sur la rive droite, se transforme à son tour, le voisinage immédiat de l'océan en rendant le séjour très agréable et plus sain.

Je gagne la pointe de Barbarie, par un pont métallique partant de la place du Gouvernement et aboutissant à l'avenue Dodds, à l'entrée de N'Dar-Tout ; sur la gauche, le village noir de Guet-N'Dar (parc de Saint-Louis), habité par des pêcheurs, échelonne les chapiteaux de ses cases en paille tressée.

Le marché de Saint-Louis. — A cette heure matinale, la circulation est active : le marché indigène installé au

La place du Gouvernement et la statue de Faidherbe à Saint-Louis.

débouché du pont bat son plein et présente un coup d'œil très pittoresque : bananes dorées, oranges jaune safran du Cap-Vert sont étalées à terre devant les vendeuses accroupies ; plus loin, un nègre à la mine impassible offre ses noix de kola, ses piments rouges ; à ses côtés, un pêcheur vante la qualité de ses poissons aux écailles étincelantes ; les légumes frais, provenant des jardins maraîchers, abondent, et, entre tous, les petites tomates grosses comme une noix attirent, par leur couleur rose vif, les regards des ménagères.

— Ça y est bon... toi acheter, — me dit la petite vendeuse, gamine d'une douzaine d'années, déjà femme. Ma foi, je cède à la tentation et me voici croquant des tomates succulentes, parfumées, absolument comme je croquerais des cerises.

A en juger par l'animation des conversations, des gestes, les transactions doivent aller bon train, non seulement chez les petits vendeurs, mais surtout dans la partie du marché où se tiennent les marchands des produits apportés par caravanes de l'intérieur : gomme provenant de la Mauritanie : noix de kola arrivant du Soudan ; arachides du Cayor.

Les noix de kola, les fraîches principalement, sont l'objet d'un commerce important, car elles jouent non seulement un rôle dans les usages et coutumes des noirs, mais elles tiennent une place très grande dans l'alimentation ; les nègres les appellent « les fruits du prophète », en reconnaissance des services qu'elles leur rendent.

Le kolatier — désigné sous le nom de *kola* au Sénégal, de *kourou* à la côte de Guinée, *ombené nangoné* dans le Soudan — est un arbre ayant quelque ressemblance avec notre châtaignier; sa taille atteint 20 et 25 mètres, mais ses rameaux pendent jusqu'à terre, ce qui facilite la cueillette opérée par des femmes. On le rencontre sur toute la côte depuis la Casamance jusqu'au Congo, et à une distance de 1 000 kilomètres dans les terres ; la partie nord du Sénégal en est dépourvue, aussi est-ce à grands prix que ces fruits sont amenés sur les marchés de notre colonie, où il s'en fait quotidiennement une consommation énorme.

Chose qui paraîtra surprenante, c'est que la majorité de cette importation est en provenance de l'Angleterre ! alors, qu'aux portes du Sénégal, en Guinée française, la culture de cet arbre donnerait des résultats rémunérateurs et aurait l'avantage de nous exonérer de la concurrence étrangère.

Il en est du kola comme de bien d'autres produits que nous laissons échapper encore à nos activités. Mais passons, ceci rentre dans le cadre des études économiques.

Plus intéressante pour mes lecteurs sera la connaissance des propriétés du kola et de son rôle social chez les noirs.

C'est un antidéperditeur par excellence, contenant, outre de la caféine, des alcaloïdes agissant sur le système musculaire[1] ; aussi, les porteurs ne se mettent-ils jamais

[1] Dr Heckel, *les Kolas africains* (Société de géographie de Marseille, 1883).

en route sans leur provision de kolas frais, condition essentielle pour qu'ils conservent toutes leurs propriétés. Les indigènes leur attribuent même un pouvoir antiseptique : lorsqu'ils sont obligés de se désaltérer à des mares, ils font infuser quelques noix dans l'eau avant de l'absorber ; la saveur astringente produit une sensation de douceur et de fraîcheur momentanée, de là, sans doute, l'attribution d'un pouvoir antiseptique, qui est plus que douteux.

Les fruits sont enfermés dans une cosse, au nombre de quatre ou six ; les uns sont rouges, les autres blancs, ayant du reste les mêmes propriétés, mais cette différence de couleur est tout un protocole... à la *noire!* qu'il est indispensable à un voyageur de connaître, sous peine de commettre des gaffes et de passer pour un *sauvasse* [1].

Dans les tribus, aucune transaction ne s'effectue sans que ces fruits interviennent et soient mangés sur place. — Les kolas blancs sont offerts en signe de paix, de bienvenue, et quand cette politesse est faite par un noir à un blanc, elle prend le caractère d'amitié. Je m'expliquai en recueillant ces détails de la bouche d'un Sénégalais, ayant servi aux tirailleurs, la gracieuseté dont j'avais été l'objet de la part de ma vendeuse de tomates, qui avait ajouté à ses fruits rouges, un kola blanc, tout en me gratifiant d'un sourire... J'ai dû lui paraître bien *sauvasse!...*

[1] Sauvage.

Les kolas rouges, au contraire, sont signe de guerre, de brouille, de refus de mariage. Sur les uns et les autres, on prête serment ; il n'est pas jusqu'aux défunts, qui ne partent pour le grand voyage, sans être accompagnés de leur provision de kolas. Ne dirait-on pas lire une page de l'histoire ancienne ?

Je quitte mon tirailleur et continue ma flânerie. Rien de plus frais, de plus agréable à l'œil que cette avenue Dodds, dont la chaussée étend sa ligne blanche de coquilles concassées, sous les palmes vertes des cocotiers, qui se balancent fines et légères comme autant d'éventails. Et pour compléter ce cadre enchanteur, toute l'animation de la population indigène, le va-et-vient des chameaux à l'allure lente et déhanchée, de voitures, de cavaliers aux chevaux fringants et rapides, circulant parmi les boubous blancs ou bleus flottant au vent.

Parvenu à l'extrémité de N'dar-Tout, je fais un crochet et je débouche sur la plage, ayant devant moi l'océan que j'éprouve grand plaisir à contempler avant de quitter la côte.

Préparatifs de départ pour l'intérieur. — Le soleil, qui darde ses rayons sur cette plage absolument nue, me rappelle que l'heure s'avance, qu'il est temps de rentrer à Saint-Louis, de penser aux visites indispensables et aux préparatifs du départ.

En quelques heures, grâce au bon accueil rencontré

auprès des chefs de service, j'ai tout terminé; je rejoins mes compagnons de route occupés déjà au transbordement des bagages à bord du bateau fluvial « Le Borgnis-Desbordes », transbordement qui ne s'effectue pas sans peine, en raison de la quantité des colis d'abord et ensuite des prétentions exagérées des noirs, cherchant à exploiter la situation.

Ils tombent mal, car nous ne sommes ni les uns, ni les autres disposés à nous laisser faire, et d'exigeants qu'ils étaient, deviennent souples comme un gant. Avec les noirs, qu'ils soient Ouolofs, Toucouleurs ou Bambaras, il importe de prendre une attitude qui les tienne à distance; sinon, hâbleurs par nature, flatteurs jusqu'à la bassesse, ils se hâtent de profiter de la nécessité où l'on se trouve d'avoir recours à eux, car ils savent que ceux qui se laissent le plus facilement entortiller au début deviennent par la suite les plus mauvais pour eux.

Les bagages arrimés, je demeure quelques instants sur le quai à observer le chargement du vapeur, ressemblant, avec ses roues à aubes et son pont couvert, à un yacht de plaisance. Ressemblance tout extérieure, car, en dehors de la cargaison des marchandises, nous aurons une cargaison humaine, réunissant les types les plus divers des races sénégalaises et soudanaises.

Ils sont là une cinquantaine de noirs regagnant chacun leur village, hommes, femmes et enfants, dans un grouillement bizarre de fourmilière, criant, gesticulant, encombrant bientôt les galeries du pont inférieur d'objets

La pointe de Barbarie. Avenue Dodds à N'Dar-Tout. Le marché.

les plus disparates, s'installant sans aucune gêne, les uns sur des nattes, les autres sur des matelas, des couvertures ; disposant autour d'eux ballots et caisses à ornements aux couleurs vives, ustensiles de cuisine, tout comme si le bateau leur appartenait !

Nous en verrons bien d'autres en cours de route ! et celle-ci va être plus longue que d'habitude ; car nous aurons une remorque de chalands, véritable petite flottille marchande, transportant un stock d'approvisionnements, ou des voyageurs ayant loué une barque sur laquelle ils se sont installés.

Le départ, primitivement fixé à six heures, n'aura lieu qu'à huit heures ; en attendant, nous allons serrer la main aux amis que nous quittons.

CHAPITRE VII

EN ROUTE A BORD DU « BORGNIS-DESBORDES ». — LES RIVES DE LA MAURITANIE ; CHASSE AUX CAÏMANS. — LE JARDIN D'ESSAI DE RICHARD-TOLL.

EN ROUTE A BORD DU « BORGNIS-DESBORDES ». — A notre retour, le bateau est déjà ancré au milieu du Sénégal ; nous rallions le bord avec le dernier canot et passant entre les dormeurs étendus sur le pont, nous prenons possession de nos cabines ; c'est étroit, mais suffisant ; avec le pont supérieur comme salle à manger et promenoir, notre hôtel flottant sera supportable.

Longtemps, je garderai, précis et net, le souvenir du tableau magique que présentaient le fleuve, l'île de Saint-Louis, par cette soirée étincelante d'étoiles, sous la douce lumière de la lune montant dans le ciel derrière les cocotiers de la lagune de Barbarie. Les bruits de l'appareillage se mêlaient au clapotis du flot ; en arrière de la ligne obscure des quais, les maisons se silhouettaient dans l'ombre vaporeuse, tandis qu'à l'avant s'ouvrait, à perte de vue, l'estuaire du fleuve, que nous allions remonter.

Les palettes des roues frappent l'eau ; Saint-Louis n'est plus qu'un point lumineux ; il disparaît, nous faisons route vers l'intérieur ; la vie de brousse commence.

De ma couchette, par la porte de la cabine laissée

ouverte, j'aperçois le paysage nocturne fuyant sous les rayons lunaires : je m'endors sur cette vision.

Les rives de la Mauritanie ; chasse aux caïmans. — Le soleil levant éclaire les rives de la Mauritanie ; rives basses, à sol rougeâtre, bordant une plaine immense, dénudée, balayée par le vent sous l'action duquel les tourbillons de poussière courent en spirales rosées vers le lointain horizon bleu.

De-ci, de-là, une tache sombre sur ce sol rutilant : c'est un campement de Maures ; on distingue fort bien les tentes en poils de chameau, et les nomades circulant aux alentours. Les berges couvertes d'herbes, de roseaux, fourmillent d'oiseaux de toutes sortes : aigles-pêcheurs au cou blanc émergeant d'un plumage noir ; hérons, poules d'eau ; sans compter les caïmans paresseusement vautrés sur les bas-fonds, le corps à demi immergé ; les carabines du bord les saluent au passage. Cette chasse à courre en bateau est du reste l'une des grandes distractions.

Autant les rives de la Mauritanie sont désolées, autant celles du Sénégal sont verdoyantes, couvertes de cultures et peuplées en comparaison. Malheureusement, on retrouve ici cette néfaste coutume de mettre le feu à la brousse et le manque de surveillance a amené le déboisement de grandes étendues, alors que le climat du pays nécessiterait, au contraire, la conservation des forêts, voire même leur création dans certains endroits.

Quoique la région paraisse complètement plate, elle

Le « Borgnis-Desbordes » avec sa flottille remontant le Sénégal.

n'en possède pas moins de petites chaînes d'ondulations, qui vont se dirigeant parallèlement vers l'intérieur, ou se rejoignent pour donner naissance à des plateaux peu élevés, mais à l'abri des inondations et accessibles aux chalands.

En effet, les déchirures des berges, que l'on aperçoit fréquemment, ne sont autre chose que les entrées des dérivations appelées « marigots », alimentées par le fleuve durant l'hivernage ou saison des pluies, et s'avançant fort loin dans les terres. Ces dérivations forment des réservoirs comme le lac Cayar sur la rive droite et le lac de Guier, sur la rive gauche. Lorsque le fleuve se retire, les marigots demeurent à sec ; toutefois, il en est, comme nous le verrons, qui ne sont jamais totalement dépourvus d'eau et au premier abord pourraient laisser supposer l'existence d'affluents, ce qui n'est pas.

Nous avançons lentement, en raison de notre remorque de douze chalands, dont quelques-uns sont occupés en surplus des marchandises, par des noirs de diverses races. Vue du haut du pont, cette petite flottille, avec ses mâts aux flammes tricolores, a l'air de partir à la conquête de nouvelles régions. Par le fait, ne représente-t-elle pas, en réduction, la pénétration commerciale, économique et civilisatrice, élargissant graduellement le cercle de son action ?

Dans ce cadre sauvage et grandiose, seul, sur l'un « des chemins qui marchent », le « Borgnis-Desbordes » a vraiment grande allure.

Sous les galeries couvertes, à l'arrière, sont groupés, parmi ballots et caisses, ustensiles de cuisine et tapis, les types les plus différents : Ouolofs, Peuhls, Maures. D'élégantes négresses portent tout un attirail de bijoux : colliers, bagues aux doigts des pieds et des mains, boucles d'oreilles ciselées à jour; d'aucunes ont jusqu'à trois rangs de boucles le long des lobes des oreilles ; dans leurs cheveux tressés en cordelettes brillent de petites boules d'ambre ou de verroterie.

Des mulâtres lisent dans un coin ; je m'approche : l'un est absorbé par la lecture des *Filleuls de Napoléon*; un autre, par celle de l'*Éducation morale*. Du diable ! si je m'attendais à trouver ces bouquins sur un fluvial ! Mes reflexions sont interrompues par la cloche du déjeuner servi sur la dunette abritée par une tente. Nous nous trouvons une vingtaine, connaissances de « La Plata » pour la plupart, et quelques nouveaux passagers, fonctionnaires embarqués à Saint-Louis, ou commerçants, dont un accompagné de sa femme. Le menu, inscrit sur des plaquettes de porcelaine ornées de fleurettes, est l'œuvre d'un maître-coq proche parent de Bamboula, mais qui n'en est pas moins bon cuisinier ; à titre documentaire, pour les voyageurs futurs, je le détache de mon carnet de route : *Langue de bœuf; — Poisson sauce verte ; — Cervelle au beurre noir ; — Gâteau Parmentier; — Dessert : chaussons aux confitures; — Café.*

Vers le soir, nous faisons escale à Garak, à l'entrée du marigot du lac Cayar, où le « Borgnis-Desbordes » doit débarquer des approvisionnements destinés à ravitailler une colonne opérant en pays maure actuellement en effervescence, par suite de la rivalité existant entre deux prétendants, dont l'un a accepté notre protectorat.

Le jardin d'essai de Richard-Toll. — Nous passons la nuit en face d'une pointe de terre, sur laquelle s'élèvent quelques constructions en glaise battue, recouvertes de paille. Il est plus de midi quand nous quittons ce coin perdu, pour Richard-Toll, l'un des jardins d'essai de la colonie, où nous stoppons vers deux heures.

Situé au confluent de la Taouey, marigot déversant dans le Sénégal les eaux du lac de Guier, Richard-Toll ne comporte qu'un village peu important et la résidence du chef de culture, vaste construction où sont installés divers services, entre autres celui de la poste et du télégraphe.

A distance, aux abords de la plaine qui l'entoure, ce jardin donne l'impression d'une fraîche oasis. Ses allées merveilleuses, ses dômes de verdure formés par d'énormes baobabs, des fromagers, des caïlcedras, des bambous gigantesques, rappellent le jardin du Hamma, à Alger. C'est là que se font les études de culture des diverses essences et plantes, soit à améliorer, soit à acclimater.

Malheureusement la sirène du bateau nous rappelle que les heures sont comptées et nous devons quitter à regret cet Eden, où nous avons reçu le meilleur accueil.

CHAPITRE VIII

DAGANA ; UNE PÊCHE MIRACULEUSE. — EN PANNE : LE CHARBON MANQUE. — RETOUR A DAGANA. — L'ÎLE MORFIL ; PODOR, LE POSTE DE FAIDHERBE.

DAGANA ; UNE PÊCHE MIRACULEUSE. — La soirée est déjà avancée quand nous arrivons en face de Dagana, la première escale un peu importante du bas fleuve. Nous ancrons non loin de l' « Abeille », vieux bâtiment démâté transformé en *charbonnier*. Des pirogues accostent, la majeure partie de nos passagers noirs descend à terre ; bon débarras qui rendra plus faciles les allées et venues sur le pont, où sont déjà installés des pêcheurs improvisés, car le poisson pullule dans ces parages, et en quelques minutes de fort belles pièces frétillent sur la plate-forme arrière.

La nuit est splendide, délicieuse de fraîcheur, d'autant plus appréciée que la journée a été chaude. Le ciel, d'un bleu foncé, ressemble à un immense tapis de velours parsemé de pointes d'or, et du zénith, la lune inonde de sa blanche et vive lumière ce paysage africain, devant lequel on demeure en contemplation durant des heures sans aucune lassitude.

A ces soirées sereines, il y a une ombre cependant : les inexorables moustiques nous harcèlent sans relâche ; mais comme de tout, on finit par s'y habituer.

De bonne heure, je suis debout. Nous ne partons que dans la matinée ; en quelques coups de rames, le canot du bord me dépose au pied de l'escalier aboutissant au poste.

Dagana est une escale composée d'un groupe de maisons bâties à l'européenne et d'un village noir ; une douzaine de boutiques tenues par des indigènes entourent la place du marché en plein air, dont les énormes baobabs, les fromagers aux racines semblables à de gigantesques tentacules, déterminent les emplacements respectifs des marchands.

Une à une, je visite les boutiques, poursuivant mes études d'ordre commercial, et j'ai vite fait de me rendre compte que la plupart des produits vendus sont d'origine étrangère, surtout en ce qui concerne les cotonnades ; j'y ai vainement cherché, il est vrai, un négociant français ou européen. Dagana comme tous les centres, tous les gros villages, possède une école. Le développement de l'instruction sera certainement le plus puissant auxiliaire de la colonisation, s'il est judicieusement employé et adapté au caractère des indigènes, par l'usage de livres spécialement écrits pour eux, et non par celui des livres à l'usage de nos écoles, et si l'on ne perd pas de vue qu'il importe, dans une colonie comme le Sénégal, de conserver le plus de bras possible à l'agriculture ; par suite, de ne pas exagérer le niveau des études pour la majorité, sous peine de créer des déclassés. Les services administratifs absorberont bien une partie des possesseurs de certificats; mais, en fin de compte, les places sont limitées; que deviendront

Le pêcheur ramène un superbe échantillon.

alors les autres? La vie de là-bas n'est pas celle de France. A mon humble avis personnel, résultat de mes observations, il faut, à côté de l'école, créer des écoles d'agriculture, écoles professionnelles qui fourniront des chefs de culture, allant répandre dans leur village les méthodes rationnelles; des ouvriers aptes à seconder les chefs d'exploitations industrielles.

Qu'on apprenne à lire, à compter, aux enfants, parfait; qu'on pousse plus loin ceux dont l'intelligence paraît plus développée, rien de mieux; mais que la majorité fasse une pépinière de cultivateurs; les espaces encore en friche ne manquent pas!

De retour sur la berge, je trouve toute la population féminine occupée à une lessive colossale: les pagnes, les boubous sèchent au soleil sur le sable, tandis que les enfants gambadent tout nus au milieu des pièces d'étoffe. Comme je mets le pied sur le pont du bateau, j'aperçois un des pêcheurs de la veille qui continue sa pêche miraculeuse; à l'aide d'une simple ficelle et d'une épingle recourbée, il ramène un superbe échantillon, qu'un coup de kodak fait passer à la postérité avant son passage à la poêle.

Repartis pendant le déjeuner, nous devons arriver à Podor dans la nuit, perspective qui ne laisse pas que de nous réjouir, car nous sommes en route depuis trois longues journées.

En panne : le charbon manque. — Mais sait-on jamais quand on arrive, dans ces pays où l'homme propose et où les circonstances disposent! Vers le milieu de l'après-midi, nous stoppons brusquement en face d'un gros village et demeurons en panne.

Qu'y a-t-il ?... Le bateau pivote sur lui-même et, laissant là remorque et canots, redescend à toute vitesse vers Dagana. Nous finissons par apprendre que le « bamboula » servant de chauffeur vient de s'apercevoir qu'il n'a plus assez de combustible pour continuer la route !

Qu'à cela ne tienne ; il y en a dans les flancs de l' « Abeille » à Dagana et nous y retournons. La distance fort heureusement n'est pas très grande ; nous accostons bientôt le *charbonnier*. Sauvés ! Il reste des briquettes en quantité suffisante pour achever le parcours.

Retour a Dagana. — Pendant notre retour pour rejoindre les chalands, nous assistons à un coucher de soleil comme l'on ne peut en voir que sous les tropiques.

La plaine semble embrasée jusqu'à l'horizon, les arbres se découpent en silhouettes fantastiques sur cet écran rougeâtre, et les derniers faisceaux de cette lumière irisée montent encore dans le ciel, que déjà Vénus brille à l'orient. Au rapide crépuscule succède une nuit claire, la dernière passée sur le fleuve.

Un peu avant Podor, les rives se resserrent ; les berges deviennent plus élevées, couvertes de taillis épais d'où les troncs énormes d'arbres déracinés par l'action du courant viennent crouler sur les bords ; puis, brusquement, après des lacets sans fin qui quintuplent la distance, le fleuve reprend sa course à travers la plaine de la Mauritanie nue, désolée d'un côté et les rives sénégalaises verdoyantes, à aspect cultivé, de l'autre. Sur une ondulation de terrain, après avoir dépassé le confluent du marigot de Doué, à quelques kilomètres de la pointe de l'île Morfil, apparaissent les arbres de l'escale, les palmiers du poste ; nous sommes bientôt à quai. Toute la population indigène est sur la berge, où je prends pied avec mon aimable compagnon de voyage, arrivé à destination, et un vieil ami venu à notre rencontre jusque sur le bateau. J'ai atteint le point d'où je dois m'enfoncer dans la brousse.

L'Île Morfil ; Podor, le poste de Faidherbe. — Nous gagnons le poste, où je suis accueilli de la façon la plus aimable par l'Administrateur ; l'hospitalité la plus large m'y est offerte, ce qui va me permettre de reprendre haleine durant quelques heures.

Situé au bord du fleuve, à environ 200 mètres des dernières maisons et du marché indigène dont il est séparé par un petit parc aux avenues disposées en forme d'étoile, le poste que Faidherbe a fait élever en moins de six semaines est une construction solide à un étage, aux arceaux fermés de larges persiennes, avec terrasse crénelée d'où l'on domine tous les abords. Il est entouré d'une enceinte fortifiée, avec talus intérieurs disposés en banquettes et plate-formes à embrasures. Dans la cour, deux palmiers, remontant à l'époque de l'occupation, étendent encore leurs palmes vertes.

Cette petite citadelle est la résidence des quatre Européens chargés d'assurer le fonctionnement des services : l'administrateur, un receveur, un commis des affaires indigènes, et un adjudant commandant le détachement des tirailleurs sénégalais, cantonnés à l'extérieur, dans le village militaire, pourrait-on dire. Les troupes sénégalaises ne sont, en effet, pas casernées ; elles vivent avec leur famille ; les femmes suivent même leurs maris en expédition, s'occupant de la préparation du rata et des achats de mil ou de riz nécessaires à l'alimentation. Cette organisation n'empêche nullement les belles et bonnes troupes que sont les Sénégalais, de faire le coup de feu et de se montrer au besoin héroïques : elles ont fait leurs preuves.

Au moment d'ouvrir mes cantines, pour changer de costume, je m'aperçois de la disparition de l'une d'entre elles, que je finis par retrouver à bord du « Tombouctou », bateau monoroue, à faible tirant, faisant le service du haut fleuve, vers Kayes ; un porteur l'avait déposée avec d'autres colis transbordés, et il s'en fallut de peu qu'elle ne prît le chemin du Soudan ! le monoroue partant dans la nuit.

Rentré en sa possession, je termine rapidement ma toilette, car j'ai hâte de parcourir l'escale, de prendre contact avec le pays.

La visite de Podor demanderait au maximum trois quarts d'heure à un voyageur ordinaire, mais je suis arrivé avec des dispositions d'observation touchant bien des points, en sorte que les quarts d'heure se changent en heures.

L'escale se compose d'une partie bâtie à l'européenne, en bordure du fleuve, habitée par les commerçants et traitants, et d'un village noir, en arrière. On rencontre les types de la plupart des races : Ouolofs, aux formes athlétiques ; Bambaras, au visage strié de marques bizarres ; Peuhls ; Maures, voisins riverains. Cette agglomération, genre tour de Babel, a déjà l'aspect plus sauvage, que celles du Cayor ou de Saint-Louis ; mais nulle part, je n'ai rencontré les bancroches, les hernieux ou les difformes signalés comme offrant un spectacle inouï de hideur, par un voyageur qui en aura, je crois, bien vu d'autres par la suite. Il est bon de remettre les choses au point, et de ne pas laisser s'accréditer des opinions émises sous l'impression des débuts d'une existence probablement nouvelle pour leur auteur.

Podor est l'un des centres commerçants les plus importants du bas fleuve. Les Maures y apportent la gomme recueillie sur l'*Acacia tortilis*, l'*Acacia verek*, qu'ils échangent contre des cotonnades, des céréales, chez les traitants installés en ce point au nombre de quatre ou cinq, dont deux Européens.

Assurément, l'escale a connu des temps plus prospères, car au fur et à mesure de la pénétration vers le Soudan, les transactions commerciales ont suivi le mouvement, et d'autre part les indigènes, mieux au courant de la valeur des produits, ne cèdent leurs marchandises qu'à bon escient ; mais c'est une période de transition, qui sera équilibrée par la suite.

Ma promenade me ramène à la place du marché installé en plein air ; à en juger par le prix des denrées, l'existence matérielle est peu coûteuse : un poulet se paie de 10 à 12 sous ; une grande calebasse de lait, 50 centimes ; le reste à l'avenant.

Au centre de la place se dresse, en forme de pyramide, le monument expiatoire élevé à la mémoire de l'administrateur *Jandet*, assassiné il y a quelques années, en plein marché, lors d'un soulèvement provoqué par des fanatiques.

A mon retour au poste, je trouve une réunion des plus cordiales et des plus gaies, composée de passagers du « Borgnis-Desbordes », repartant le soir même pour le Soudan, et cette première soirée au pays de Faidherbe se passe joyeusement sur l'une des terrasses de l'enceinte où nous dînons, tout en causant beaucoup de la France dont certains reviennent, des projets et des voyages de chacun.

CHAPITRE IX

UNE POINTE CHEZ LES MAURES. — LA TRAITE DE LA GOMME. — DÉPART DE L'ÎLE MORFIL ; LE MARIGOT DE DOUÉ. — DANS LA BROUSSE.

UNE POINTE CHEZ LES MAURES. — Depuis mon arrivée je n'ai qu'une idée : pousser une pointe sur la rive de la Mauritanie. Je me suis ouvert de mon projet à un traitant, chez lequel j'ai fait une longue station, la veille.

— La chose n'est point impossible, m'a-t-il répondu, bien que les Maures qui franchissent journellement le Sénégal soient peu accueillants ; mais actuellement je suis en relations avec une caravane stationnée en face de l'escale pour la traite de décembre, l'une des plus fortes de l'année avec celle du mois de juin, et sous prétexte d'affaires, je passerai le fleuve. Trouvez-vous ici demain matin, vous viendrez avec moi. Par exemple, je ne vous promets pas de vous emmener plus loin, ni de faire une visite prolongée. Abstenez-vous de prendre des notes ; au retour, je vous donnerai les renseignements que vous désirerez, car je connais ces gaillards suffisamment, depuis près de dix ans que je les fréquente.

A la première heure, je rejoignais mon traitant, qui m'attendait déjà dans une pirogue, au bas de l'escalier descendant à la berge.

J'avoue très sincèrement que je n'éprouvais aucune espèce de crainte, mais qu'il me fut impossible de ne pas ressentir une certaine émotion, en mettant le pied sur cette terre de la Mauritanie, qui rappelait à mes souvenirs, ceux de *Paul Soleillet*, de *Camille Douls*, parti seul du cap Juby, sur l'Atlantique, pour aboutir

Tout autour des tentes, des chameaux...

au Maroc méditerranéen, après être resté un an prisonnier et torturé, chez les Oulad Delim ; de *Léon Fabert*, de *Gaston Bonnet*, et de la mission *Paul Blanchet*, miraculeusement revenue de l'Adrar, pour voir son chef tombé victime de la fièvre jaune, à Dakar, en 1901.

Nous abordons en face d'un campement, composé de tentes en poils de chameau, au milieu d'un groupe d'enfants absolument nus, de femmes vêtues d'une sorte de blouse noire ou bleu foncé, sans manches, et de grands diables portant les uns une gandoura à rayures blanches et noires, serrée à la taille par une ceinture en cuir ; les autres, au torse nu, ayant une simple culotte tombant à mi-jambe.

Les types que j'ai sous les yeux sont grands, bien charpentés, la peau est plutôt jaunâtre. Les hommes ont les cheveux longs, frisés, ce qui accentue l'expression bestiale, cruelle et farouche de leur visage anguleux, aux pommettes saillantes, aux lèvres fortes, aux regards fourbes. Les femmes sont maigriotes, mais bien faites, aux attaches fines ; quelques-unes ont une physionomie empreinte d'une certaine douceur ; leurs dents sont admirables.

Tout autour des tentes, des chevaux, des chameaux. Ces derniers sont entravés au moyen d'une corde qui maintient ployée au genou l'une des jambes de devant. Ce sont de superbes bêtes, dont le bon entretien prouve tout le prix qu'attachent ces populations nomades à leur existence ; sans les chameaux, en effet, la vie serait impossible dans les régions sahariennes.

Les harnachements des chevaux sont pour la plupart, enrichis d'applications en métal, cuivre ou étain, dessinant des arabesques. Quelques nomades portent, suspendu par une lanière en cuir, un poignard à fourreau de même nature, avec ornements en cuivre ; le manche en bois noir est incrusté de pointillés en argent ou en étain.

Si j'en juge par ce que je vois, le caractère des Maures doit être aussi vif que leur aspect est sauvage : le ton de la conversation est élevé, accompagné de gestes saccadés, correspondant à des contorsions de la face. Les affaires ne doivent pas être très faciles avec des exaltés pareils.

Quant à l'intérieur des tentes, je n'ai pu qu'y jeter un coup d'œil ; c'est un fouillis de tapis de peaux, de ballots, d'ustensiles indiquant un manque total de l'hygiène la plus élémentaire ; il est vrai que le vent du désert est un puissant ventilateur.

Sur un signe du traitant, nous nous dirigeons vers notre pirogue et revenons à l'escale.

— Les Maures que vous venez de voir, me dit mon compagnon, sont des Brachnas ; vous n'avez pu vous faire qu'une idée approximative de ces populations, car ceux-ci ne sont que des commerçants, relativement doux ; les autres sont toujours les peuplades cruelles et sanguinaires décrites par les explorateurs ; ils ne vivent que de razzias, de pillages ; trop fiers dans leurs guenilles pouilleuses pour travailler la terre, ils font cultiver par des esclaves juste ce qui leur est indispensable.

Leur richesse repose sur l'élevage des chevaux, des moutons, des chèvres et surtout sur la gomme ; encore ne la récoltent-ils pas eux-mêmes. Ils emploient pour cela des enfants, enlevés dans les razzias ; grâce à leur petite taille, ceux-ci se glissent facilement dans les haliers d'acacias gommiers (*Acacia tortilis*) d'où ils sortent le corps déchiré par les longues épines des arbustes. Quand les enfants sont trop grands, ils sont vendus comme esclaves, car le trafic du « bois d'ébène » est encore très florissant dans ces contrées du Sahara.

La traite de la gomme. — La récolte de la gomme a lieu pendant la saison sèche (de novembre à fin juin) ; le suc s'écoule, durant l'hivernage ou saison des pluies, des crevasses des arbres, se dessèche à l'air et forme les « larmes » transparentes apportées dans nos comptoirs. La quantité de gomme récoltée et importée au Sénégal varie de un million à 1 500 000 kilogrammes, ce qui représente une valeur de 2 millions de francs à peu près. La récolte est dirigée pour la presque totalité sur Bordeaux ou Marseille, où s'opère le triage. — D'ordinaire, la traite a lieu par échanges, mais depuis quelques années les Maures acceptent fort bien le paiement en numéraire d'argent.

— En un mot, ce sont de parfaits sauvages qui ne céderont qu'à la force ?

— Peut-être avez-vous raison à un point de vue, celui de l'occupation territoriale ; mais il ne faudrait pas conclure de ce que je viens de vous dire, que les Maures n'ont aucune industrie. Les objets, poignards, chapelets, harnachements sont de leur fabrication.

L'industrie chez eux, comme du reste au Sénégal et au Soudan, est entre les mains de corporations d'ouvriers spéciaux. Leurs forgerons, par exemple, sont d'une habileté consommée : à l'aide d'instruments rudimentaires confectionnés par eux, ils fabriquent une quantité d'objets; ils excellent dans l'art de la confection des cadenas, dont les clés plates, bizarrement découpées, se prêtent à des combinaisons ingénieuses.

— Tout ce que vous voudrez, mais votre patience doit être parfois mise à une rude épreuve, en négociant les achats de gomme avec les caravanes?

— Question d'habitude; les affaires sont assurément difficiles, en raison de l'esprit de fourberie qui est la note dominante de ces populations; mais, quand on les connaît bien, on démêle du premier coup les intentions des caravaniers. Quoi qu'il en soit de la situation actuelle, la Mauritanie présente un grand intérêt pour la France, à cause du commerce important qui s'y fait par caravanes. Si nous réussissons à étendre notre influence et notre protectorat sur ces régions, à donner une sécurité complète aux marchés d'échange, les résultats ne tarderont guère, car les débouchés commerciaux sont nombreux.

En achevant de me donner ces renseignements si précis et si intéressants, le traitant m'offrit une photographie de type maure et un poignard, objets que j'emportai avec plaisir à titre de documents et de souvenirs de ma visite aux rives de la Mauritanie.

Revenu au poste pour faire mes préparatifs de départ, j'aperçois dans la cour de nombreux porteurs occupés à charger des colis, sous la direction d'un Européen causant avec l'administrateur. Ce dernier vient à moi et me présente :

— Voici, me dit-il, le propriétaire d'une concession située sur votre itinéraire ; il repart dans quelques heures, étant venu chercher des provisions apportées par le fluvial ; je lui ai parlé de vous...

— Et vous me feriez grand plaisir, interrompit le colon, en me tendant la main, d'accepter l'hospitalité chez moi ; je serai très heureux de vous faciliter votre départ d'abord, puis de vous permettre de continuer vos études, dans des conditions peut-être un peu plus favorables que si vous voyagiez isolément.

Il était difficile de rencontrer une occasion meilleure d'étudier sur place la vie coloniale, aussi m'empressai-je d'accepter la gracieuse proposition qui m'était faite. Dans l'après-midi, ayant pris congé de mes hôtes si aimables, je quittai Podor avec mon nouveau compagnon de route.

Départ de l'île Morfil ; le marigot de Doué. — Montés sur de nerveux petits chevaux du pays, nous suivons une étroite route en chaussée traversant la plaine de l'île Morfil, formée par le Sénégal et le marigot de Doué.

La route est bonne ; elle manque bien d'arbres, vu sa jeunesse, mais on ne peut tout avoir. Durant quelques instants, nous allons au trot de nos montures, laissant sur notre gauche les constructions du nouveau poste installé à 2 kilomètres de l'ancien, en amont de l'escale. Soudain, la route s'arrête net, pour faire place à un sentier perdu dans les herbes, conduisant en pente brusque au bord du marigot. Nous mettons pied à terre et dessellons nos chevaux, pendant que de la rive opposée se détache une longue pirogue, dirigée par un noir. Ces pirogues sont faites d'un seul morceau ; les indigènes

Sans les chameaux la vie serait impossible dans les régions sahariennes...

les fabriquent en creusant un tronc d'arbre, à l'aide de hachettes ; leur longueur varie de 3 à 5 mètres. A fond plat, légèrement renflées au milieu et à l'arrière, lourdes, mais solides, tout en manquant un peu d'équilibre, elles ont l'avantage de ne jamais couler. Bientôt, l'embarcation accoste ; les harnachements y sont entassés ; avec précaution nous y prenons place, accroupis, tenant en main la bride de nos montures. Celles-ci, habituées à ces trajets, entrent dans l'eau et viennent se ranger de chaque côté de la pirogue ; à l'arrière, se tient le passeur, grand diable aux muscles saillants. Un coup de perche, et le courant nous entraîne ; les chevaux ont vite perdu pied ; ils nagent vigoureusement pendant que nous leur maintenons la tête hors de l'eau.

L'habileté des noirs à conduire une pirogue est telle, que nous abordons presque en face de notre point de départ. D'elles-mêmes nos montures gagnent la rive ; nous les laissons quelques minutes se secouer librement au soleil, pour leur permettre de se sécher, et repartons. La berge escarpée, gravie, nous débouchons sur un vaste plateau, à côté d'un fort village noir, appelé N'Dioum-Diéri, dont les cases émergent d'un bouquet de tamariniers ; à l'horizon, s'étend une vaste forêt.

Dans la brousse. — Nous piquons droit devant nous, dans l'étendue onduleuse des hautes herbes, parsemée de mimosas gigantesques mêlant leurs boules d'or, à la couleur vert-de-grisée des feuilles, de cultures de maïs et de mil, entre lesquelles zigzague une piste à peine visible. Sous les sabots des chevaux partent des perdrix qui piètent sans avoir l'air autrement effarouchées; plus loin, dans une éclaircie, des outardes allongent curieusement le cou, gracieuses en leur mouvement d'émoi; des oiseaux au plumage multicolore volent de branches en branches.

Tout à coup, mon cheval s'ébroue, et d'un pli de terrain déboule une famille de sangliers dont un vieux solitaire protège la retraite. Nous les chargeons, mais vainement, ils disparaissent avec rapidité dans le fourré. Ce n'est que partie remise, car de telles rencontres sont fréquentes.

Comme nous approchons de la forêt, des chacals fuient dans les taillis ; des singes au pelage verdâtre apparaissent entre les branches d'arbres gigantesques. Le soleil baisse; sur nos têtes, le ciel demeure d'un bleu immuable, et dans cette sorte de lande sauvage, la sensation du soir est profonde, accentuée par la marche sous bois qui nous oblige à ralentir l'allure. Il faut, en effet, louvoyer sous ce couvert épineux, se pencher sur l'encolure du cheval pour passer sous les lianes ; contourner des troncs d'arbres tombés en travers de la piste.

Celle-ci s'élargit cependant pour aboutir à une vraie route, ouverte sur la concession. Nous croisons nos porteurs, hâtant le pas, car le parcours n'est rien moins que sûr, au milieu des halliers, quand la nuit est venue. Au fur et à mesure que nous avançons vers la concession, la brousse fait place aux terres défrichées et cultivées. Voici l'entrée du village noir, les coquettes petites cases avec leur chapeau de paille pointu, les greniers à mil, le parc aux bestiaux.

CHAPITRE X

HOSPITALITÉ CHEZ UN COLON. — LES BAMBARAS : VILLAGE DE LIBERTÉ ; MŒURS ET COUTUMES. — LA VIE COLONIALE.

Hospitalité chez un colon. — Nous mettons pied à terre au centre du village, au milieu de gens avenants et propres, en face la demeure du chef de l'exploitation, immense case bâtie à la mode indigène, composée de trois pièces entourées d'une vaste véranda, le tout formant terrasse, dominée par une sorte de belvédère au haut duquel flottent aussitôt deux pavillons tricolores, lorsque nous pénétrons : l'attention était délicate.

L'installation est rustique, mais suffisante et bien en harmonie avec le cadre : d'un côté, le marigot que nous avons rejoint; de l'autre, la forêt ; en face, l'île Morfil, allant se perdre vers l'est, à 160 kilomètres de là.

Pendant que je procède à une toilette sommaire, le soleil a disparu et la lune éclaire ce paysage nocturne avec un tel éclat, que nous faisons dresser notre table en plein air, et soupons sans autre éclairage et aussi sans... pain : un des porteurs l'a oublié à Podor. A la guerre comme à la guerre ! ce n'est pas la première fois que cela m'arrive, ni la dernière probablement.

Autour de nous, les intérieurs des cases s'illuminent

des feux allumés pour la préparation du repas des travailleurs ; des bambins passent leur tête noire à travers les pailles et jettent des regards curieux sur l'hôte du grand chef.

Dans ce calme de la brousse, nous nous attardons à causer, tout en dégustant du thé relevé d'un peu de vin, auquel deux ou trois années de bouteille ont suffi pour lui donner le bouquet d'un vin vieux de dix ans ; cette vieillesse rapide est due au climat ; le mélange est délicieux, je le recommande comme un excellent tonique aux voyageurs fatigués.

La réaction produite est telle que, sans la fraîcheur de la soirée, je fus volontiers demeuré plus longtemps à jouir du spectacle que j'avais sous les yeux ; mais l'observation d'une rigoureuse hygiène étant le seul garant de la santé, aux colonies surtout, nous regagnons la véranda et bientôt notre case.

Celle que j'occupe est située à l'une des faces extrêmes de la véranda sous laquelle ouvre une de ses deux portes. Vraiment peu compliquées comme fabrication, ces portes, et précisément à cause de leur simplicité elles me réservent une surprise. Des planches provenant de caisses forment le panneau et comme probablement la quantité de bois était insuffisante lors de la confection, le panneau est à claire-voie, en sorte que, mon photophore éteint, j'aperçois de mon lit toute une partie de la concession éclairée par la lune.

Le jour pointe quand un bruit cadencé me réveille ;

des oiseaux pépient déjà sous les « sékos »[1]; dans le plafond de la case, construit en pièces de bois de fer, recouvertes de branchages, les lézards se promènent; au dehors, c'est un mouvement continu. En un clin d'œil je suis debout et habillé; j'ai hâte de me mêler à la vie indigène et de parcourir aussi les abords de la concession, où je sais maintenant avoir bien des notes intéressantes à prendre sur le vif.

Comme je quitte la véranda et arrive sur la petite place du village, ornée d'arbustes en croissance, j'aperçois devant les cases les femmes pilonnant le mil et préparant la farine destinée aux repas du jour. Elles sont groupées deux par deux, en toilette du matin plus que sommaire; un simple pagne autour des reins, le torse nu, et tandis que l'une manœuvre à grand renfort d'« huile de coude » l'énorme pilon de bois qui retombe dans le mortier où il broie le grain, l'autre tamise la farine obtenue, au-dessus d'une grande calebasse. Sous les rayons du soleil levant le tableau est joli; le « nigra sum, sed formosa » est bien d'à propos, car toutes ces jeunes femmes ont des formes d'une pureté de lignes peu ordinaire. C'est la troisième race avec laquelle je prends contact, celle des Bambaras.

Je m'approche des cases.

— *Anicé*[2], me disent les ménagères, et elles sourient, découvrant une rangée de dents blanches comme

[1] Paillassons de paille tressée.

[2] Bonjour.

de l'ivoire. Partout la même activité. Les ustensiles sont rudimentaires, mais dénotent un soigneux entretien ; les vêtements sont propres ; toute cette population est douce, aimable, point farouche et intelligente. Les cases, de forme ronde, sont bâties en « banko », ou pisé d'argile, ou en paille tressée (séko) ; le toit consiste en un cône de paille supporté par des piliers de bois de fer, ou de longues perches réunies au sommet et liées sur des branches flexibles ; une porte, quelquefois deux ; pas de fenêtre. A l'intérieur, un foyer en terre glaise ; une sorte de lit composé d'un cadre reposant sur des pieus, et garni de peaux ou de nattes, constituent tout l'ameublement. Un détail cependant, qui mérite d'être noté : dans les cases habitées par plusieurs personnes, le lit est divisé en deux compartiments par une pièce de cotonnade. Bien mince le mur « Guilloutet » ! je le concède, mais son existence n'en dénote pas moins un degré de moralité que je ne m'attendais guère à rencontrer.

Si le confort de l'habitation laisse un peu à désirer, celui de l'alimentation n'est guère meilleur : tout est relatif ; question de latitude. Evidemment, un menu composé invariablement de farine de mil ou de haricots, de riz, de laitage, finirait à la longue par devenir monotone pour un palais européen, mais il représente pour les indigènes un bien-être et une abondance, étant donné qu'ils se contentent de peu ; au reste, le pays regorge de gibier.

Pendant ma promenade, je suis suivi par toute la marmaille, gambadant au soleil en costume « nature » ; c'est plaisir de voir tout ce petit monde agile, se départir de sa réserve première, pour prendre ses ébats. Il est vrai que mon appareil photographique est pour beaucoup dans cet apprivoisement rapide ; c'est le contraire de l'effet produit quelques degrés plus au nord, où son apparition suffit pour déblayer le chemin et faire fuir les indigènes comme une volée de moineaux.

Aux abords de l'enclos où sont parqués les troupeaux de races diverses, je suis rejoint par le chef de l'exploitation, portant dans ses bras un petit agneau né quelques instants avant.

— J'allais vous dire bonjour avec votre filleul, me dit-il en riant, car je lui ai donné votre nom. Votre arrivée porte bonheur au troupeau.

De fait, mon filleul, remis sur ses jambes, se livre à une série de gambades, toutes plus drôles les unes que les autres, qui prennent fin devant l'objectif, braqué sur un groupe de curieuses et de bambins qui m'entourent. Nous pénétrons dans l'enclos, vaste espace entouré de barrières et de haies d'épines, divisé en compartiments : d'un côté, les brebis et les chèvres ; de de l'autre, les bœufs et les vaches ; les chevaux plus loin ; les agneaux dans de petites cases, à l'abri de la fraîcheur des nuits. Ces diverses races sont fort belles, mais la race bovine comprend surtout des spécimens magnifiques : bœufs aux membres bien en chair, aux

L'objectif braqué sur un groupe de curieux et de bambins...

cornes effilées et longues; vaches plus petites, ressemblant à nos vaches bretonnes.

— Ils attendent avec impatience le moment d'être conduits au pâturage, mais je ne les laisse sortir que quand le soleil a séché la rosée.

Les Bambaras. Village de liberté; mœurs et coutumes. — Allons déjeuner, continue mon hôte, bien que nous n'ayons toujours pas de pain, nous trouverons le moyen de le remplaçer; on est allé nous en chercher à Podor. Nous visiterons ensuite les terrains de culture; vous pourrez vous rendre compte de l'effort qu'il est possible d'obtenir de ces noirs, quand on sait les prendre et les guider.

— Mais, si je ne me trompe, ce sont des Bambaras, qui composent la population de votre village, demandai-je.

— Parfaitement; ce sont du reste, les seuls travailleurs agricoles qu'il soit possible d'employer parmi les races environnantes, toutes plus ou moins acquises à l'Islam et en ayant par suite les défauts. Les Bambaras sont peu pratiquants; issus de l'une des branches des Mandingues dont le berceau est dans le Fouta-Djallon, ils sont demeurés comme tant d'autres fractions, durant de longues années, sous l'autorité sanguinaire de chefs, dont Samory a été le dernier échantillon; en d'autres termes, ils étaient captifs. Or, dans l'intérieur du pays, il existe encore, derniers vestiges des anciennes coutumes, des captifs, qui se divisent en captifs de case, ou nés chez leur maître, faisant partie de la famille, et captifs de traite, c'est-à-dire qui peuvent être cédés ou vendus.

Et comme j'esquissais un mouvement d'étonnement :

— Cela vous surprend ? Il était cependant impossible d'agir autrement qu'on ne l'a fait sous peine de froisser les chefs de villages et de provoquer des mécontentements. On a créé des villages dits « de liberté » qui recueillent les captifs évadés, ou cédés volontairement. A partir de l'instant où ils sont sous notre protection, ils deviennent libres et protégés, sous certaines conditions, contre leurs anciens maîtres.

Connaissant les qualités des Bambaras, j'ai petit à petit constitué ici un village de « liberté » ; ils sont sous ma dépendance, et ma direction responsable vis-à-vis de l'administrateur du cercle. Noyés au milieu de nos populations sénégalaises, moins pratiquants que leurs voisins, je les façonne d'autant plus facilement à nos habitudes de civilisation, que je suis arrivé à parler très couramment leur dialecte. Ce sont de grands enfants ; votre venue les intrigue.

Tout en causant, nous étions arrivés à la grande case. Sous la véranda, était servi un délicieux casse-croûte composé de venaison froide, de riz en guise de pain, et de café.

La vie coloniale. — Quelques instants plus tard, nous dévalions la pente du monticule sur lequel se dresse le village et nous arrivions au bord du marigot, où les noirs étaient occupés à la construction d'un immense bassin, destiné à recevoir l'eau d'un puits déjà terminé. Devant nous, s'étendait un vaste espace défriché, en culture, et à considérer les quelques tamariniers ou autres essences laissés avec intention, en place, il était facile de se figurer le travail qu'avait exigé la mise en valeur du terrain ; car de ces arbres, plusieurs atteignaient 8 à 10 mètres de hauteur et avaient un tronc énorme. En bordure du marigot, était disposée une pépinière contenant des plantes d'acclimatation.

— Vous connaissez, reprit le chef de l'exploitation, le régime climatérique du Sénégal, qui ne mérite pas sa réputation de contrée aride et brûlée. Ce ne sont ni le pays, ni le sol qui doivent être rendus responsables de l'état de choses actuel, mais bien des erreurs d'appréciation et d'adaptation dans la façon de cultiver. Les deux saisons nettement tranchées, hivernage et saison sèche, entraînent deux sortes de culture pour la région riveraine du fleuve : celle de l'époque des pluies et celle de la période durant laquelle il ne tombe pas une goutte d'eau. La première se pratique sur les terres non inondées par le fleuve ; la seconde, sur celles laissées libres par le retrait des eaux.

Or, comme vous l'avez remarqué, le sol est argilo-sableux et forme cuvette dans sa partie profonde ; il garde donc l'humidité résultant soit de la crue, soit des pluies. Ceci explique que l'emploi de la charrue réclame une certaine attention, car si l'on défonce trop profondément, on rend le sol trop meuble et l'eau filtre au delà de la couche où les semailles doivent rencontrer l'humidité.

Quant aux températures sénégalaises, il y a eu, comme pour tout le reste, exagération. Si le thermomètre atteint parfois 45°, il ne se maintient pas longtemps à ce chiffre et oscille entre 30 et 40°. Les mois les plus pénibles sont ceux de mai et de juin, en raison des vents d'est accompagnés de nuages de sable ; il fait une chaleur étouffante pendant trois ou quatre jours.

Nous allions, échangeant nos idées sur la vie coloniale, et j'admirais avec quel ordre les travaux les plus divers étaient conduits de front : agriculture, élevage, installation.

Je me trouvais en face du colon-type, modèle trop rare chez nous malheureusement, où l'esprit pratique a tant de mal à prendre une place prépondérante. Ce sont des esprits de cette trempe qu'il importe de façonner, en présentant la colonisation sous son vrai jour ; en ne créant pas des mirages qui laissent derrière eux de terribles conséquences.

Vous voulez être colon ? Voici ce qu'il faut faire ; à vous de voir ; tâtez-vous ; mais n'imaginez pas aller à la conquête de terres promises ; la richesse ne viendra que par le travail fécondant la terre de la colonie où vous vivrez, en pleine nature. En raison des dures exigences de cette vie, il est indispensable aussi, alors que l'on n'a à compter que sur soi, de posséder une force morale pour réagir contre la solitude, ou les souvenirs, surtout au début ; une santé excellente et des habitudes d'hygiène d'autant plus strictes que l'on se trouvera plus près des régions tropicales.

Après une visite au chantier de fabrication des briques, faites de terre glaise, façonnées à l'aide d'un triple moule et séchées au soleil, mon hôte me conduisit successivement à la forge, à l'atelier de menuiserie.

— Vous voyez qu'il faut, me dit-il, être un peu débrouillard et posséder des connaissances bien diverses pour être colon. J'ai fait ici mes apprentissages de maçon, de forgeron, de menuisier, et dame, au début, ça n'allait pas tout seul ; aujourd'hui l'élan est donné, il ne faut plus que de la patience et de la ténacité.

L'apparition d'un porteur débouchant d'un sentier conduisant à la grande voie de la concession, interrompit notre conversation : — Voici notre pain qui arrive ! exclama mon compagnon. Le porteur avait, en effet, sur sa tête [1] le panier à provisions oublié la veille. En outre du pain si impatiemment attendu, il contenait des friandises envoyées par les amis du poste et, joie inespérée, un courrier de France placé suivant la mode indigène dans la fente d'une petite baguette.

Expédié un peu à la hâte, notre déjeuner n'en fut pas moins exquis, pimenté des nouvelles reçues et les instants consacrés d'habitude à la sieste le furent à la correspondance, car le porteur repartait dans l'après-midi.

Quel gai et idyllique cabinet de travail que cette

[1] Les noirs portent tous les fardeaux sur la tête.

véranda sous laquelle je m'étais installé! Ayant comme bureau une caisse et comme siège un sac de maïs ! Tout autour de moi voletaient de petits oiseaux gros comme nos rouges-gorges ; des astrilds, au plumage étincelant ; des ignicolores ; des sanguini rostris, aux yeux vifs cerclés de jaune ; les lézards couraient sur les outils laissés à terre, ou grimpaient le long des murs pour rejoindre la toiture de branchages, leur habituel séjour ; dans les rayons du soleil filtrant à travers les « sékos », des papillons aux ailes diaprées se jouaient en tous sens ; en dehors, la fournaise. Il est de ces coins, de ces visions de la brousse, qui frappent et demeurent gravés parmi tous les souvenirs rapportés des parcours lointains. Ce coin fut un de ceux-là.

CHAPITRE XI

LES CULTURES : CULTURES D'ALIMENTATION (MIL, MAÏS, HARICOTS, RIZ, BANANIERS) ; CULTURES COMMERCIALES OU D'EXPORTATION (ARACHIDE, COTON, INDIGO, TABAC, MANIOC, RICIN, AGAVE, GOMMIERS). — LES ENNEMIS DE L'AGRICULTURE : TERMITES ET SAUTERELLES.

Les cultures. — Entre toutes les questions faisant l'objet de mes études, figuraient notamment celles se rattachant à l'extension des cultures indigènes et aux plantations à tenter. L'agriculture, en effet, laissée entièrement aux mains des noirs, était demeurée jusqu'en ces dernières années à l'état rudimentaire, en raison des troubles qui agitaient sans cesse les populations, leur enlevant toute sécurité, et aussi, il faut bien le reconnaître, en raison de la paresse naturelle des habitants qui se bornaient en général aux cultures indispensables à leur subsistance.

Cette dernière raison est surtout vraie, dans les régions donnant des produits naturels, qui ne demandent que la peine d'être récoltés et transportés aux comptoirs pour être échangés contre des articles d'importation. Ce n'est que dans les contrées où ces produits naturels n'existent pas en quantité suffisante, que les indigènes, poussés par la nécessité, se sont adonnés d'une manière un peu suivie à la culture. Tel est le cas, pour le Sénégal, où l'on constate, depuis la pacification du pays, une extension notable de l'agriculture, encouragée par la création de jardins d'essai, comme ceux de Richard-Toll, de Saint-Louis, de Hann, près Dakar.

Dans les parties de l'arrière-pays, Haut-Sénégal et Soudan ; dans nos possessions côtières, Guinée, Côte d'Ivoire, Dahomey, fort riches en produits naturels (gommes, kolas, palmistes, caoutchouc, or, etc.), et malgré la valeur supérieure du sol, l'agriculture est encore dans l'enfance. Il en sera ainsi, à peu d'exceptions près, aussi longtemps que ces produits seront suffisamment abondants, et que leur prix sera rémunérateur ; car il n'existe guère de moyens pratiques d'obliger les indigènes à travailler la terre, en dehors de la satisfaction de besoins nouveaux qu'apporte avec elle la civilisation. Tout au moins, est-il indispensable de guider les indigènes pour la conservation des essences à produits naturels ; de les surveiller pour leur récolte ; cet apprentissage, en quelque sorte, leur fera entrevoir l'intérêt qu'ils ont à suivre nos conseils et les conduira insensiblement à cultiver d'autres produits que nous demandons aux colonies étrangères.

En attendant, les immenses régions de notre colonie du Sénégal, composées en majeure partie de terres alluvionnaires, sont des terrains très propres à la grande culture. Je tiens à le répéter ici avec insistance, afin de détruire les erreurs propagées sur cette partie de l'Afrique occidentale française. J'irai plus loin, c'est un pays de grandes cultures, non par la petite colonisation avec concessions morcelées, mais de grande exploitation avec des capitaux permettant de cultiver les essences indigènes suffisamment nombreuses pour donner de sérieux bénéfices.

A la suite de mes études, j'ai été amené à classer les cultures en deux catégories : *cultures d'alimentation :* mil, riz, maïs, haricots, bananiers ; *cultures commerciales* ou *d'exportation :* arachides, coton, indigo, tabac, ricin, manioc, agave, gommiers.

Cette classification comprend toutes les variétés principales *indigènes,* dont l'exploitation ne comporte par conséquent aucun aléa, en tant que production. Le nombre en est suffisant pour occuper toutes les activités, sans chercher à introduire des plantes d'acclimatation ; je reviendrai sur ce dernier point, car c'est encore un écueil contre lequel il est bon de mettre en garde les futurs colons.

Cultures d'alimentation. — L'une des principales est le *mil*, qui se divise en gros mil et petit mil (sagnia) ; le produit de cette graminée sert aux noirs à préparer une sorte de couscous, base de leur nourriture. Les femmes pilent à cet usage le mil dans des mortiers en bois, le vannent, pour le débarrasser des téguments, et font bouillir la farine obtenue, avec diverses plantes notamment des feuilles de baobab. C'est la première des occupations quotidiennes des ménagères, celle qui sert aussi de réveil-matin, quand on séjourne dans les villages.

Dans quelques parties du pays, les indigènes cultivent aussi pour leur nourriture du *maïs* et des *haricots;* sur les bords du fleuve, mil, maïs et haricots sont l'objet de transactions avec les Maures de la rive droite, exclusivement pasteurs et nomades, qui viennent échanger les produits de leurs troupeaux contre ces denrées.

Partout où l'on rencontre un marigot, on est à peu près certain de voir des rizières ; la récolte du *riz* s'effectue au moyen de pirogues montées par deux ou trois noirs ; l'un dirige l'embarcation, pendant que les autres secouent au-dessus d'elle les épis. Le riz est petit, sa couleur rougeâtre, mais fort bon.

La culture de tous ces produits n'offre rien de particulier. Il n'en est pas de même de celle du *bananier*, dont les fruits constituent un appoint sérieux pour l'alimentation, et dont l'exploitation, bien que réclamant certaines conditions, peut devenir une source de sérieux bénéfices au point de vue exportation.

En dehors de la production américaine, c'est aux îles Canaries, où il a été introduit par une mission française de passage à Ténériffe, au retour d'un voyage en Indo-Chine, que le bananier est l'objet d'une culture intensive, perfectionnée à ce point, que les régimes importés de ce pays font prime sur les marchés. L'exportation de ces régimes ne remonte pas à plus de quinze ou vingt ans.

Au Sénégal, les régions les plus propres à cette culture seraient celles voisines de la mer, et surtout la Casamance. La meilleure espèce à cultiver pour l'exploitation commerciale est le bananier nain ; il demande un sol léger, assez riche en humus ; une faible altitude, le voisinage des côtes et une irrigation constante. Les plants munis de toutes leurs radicelles doivent avoir de quatre à cinq mois et autant que possible provenir d'une souche ayant déjà donné des fruits ; le terrain profondément labouré, on les place dans des trous évasés, de $0^{m},40$ de profondeur, avec un écartement de $2^{m},50$ à 3 mètres ; un hectare peut recevoir 1 000 rejetons environ.

Pour l'irrigation, la plantation est divisée en carrés, contenant chacun trois ou quatre plants, en bordure desquels on relève la terre en forme de cuvette. Les plantations ont lieu du mois de mai au mois de juillet et doivent être suivies de fumures d'engrais naturels ou chimiques, au moins deux fois par an, en avril et en octobre.

Dans un terrain bien arrosé, bien fumé, le bananier fructifie au bout de dix-huit mois ; le régime demande de quatre à cinq mois pour mûrir, il faut donc environ deux ans pour qu'une plantation soit en rapport. Chaque pied donne en moyenne, par la suite, trois régimes tous les deux ans. Après la récolte du premier régime, on coupe la tige à moitié de sa hauteur ; quand la partie qui reste est sèche, on l'enlève en prenant garde d'endommager les rejetons qu'on doit laisser autour de la souche, au nombre de deux ou trois seulement.

Les prix de vente varient, selon le poids (20 à 25 kilogrammes en moyenne), de 4 fr. 50 à 3 francs le régime. Les Canaries seules exportent annuellement 2 millions de régimes; c'est assez dire la consommation énorme qu'on fait des bananes et les bénéfices que donnerait une plantation de bananiers.

Cultures commerciales ou d'exportation. — En tête des cultures commerciales, il faut placer l'*arachide*[1] ou pistache de terre, plus vulgairement connue sous le nom de *cacaouette.* Cultivée depuis une époque très reculée par les indigènes du Sénégal, pour leur alimentation, l'arachide est passée dans le domaine commercial, depuis la découverte en 1850, par un négociant de Gorée, M. *Jaubert*, de ses propriétés oléagineuses, et constitue à l'heure actuelle la principale richesse du pays. Comme nous le verrons en visitant les escales de Tivaouane et de Rusfisque, le Cayor est plus spécialement la région de culture de cette plante, dont les graines sont employées pour la fabrication des savons, des huiles et sont l'objet de transactions considérables. Le rendement est d'autant plus rémunérateur, que l'arachide réclame peu de main-d'œuvre en dehors de la récolte.

Depuis quelques années, la culture du *sésame* est venue s'ajouter à celle de l'arachide.

[1] De la famille des légumineuses.

A côté de ces deux cultures en pleine voie d'extension, se place le *coton*, qui n'a été jusqu'à présent au Sénégal l'objet d'aucune exploitation suivie. Des essais entrepris en Afrique occidentale française, et dans nos autres colonies, par l'*Association cotonnière coloniale française*, présidée par le distingué M. Esnault-Pelterie, essais d'initiative privée, dignes d'éloges et d'encouragements, permettent d'escompter, dans un avenir prochain, de sérieux résultats ; notre industrie cotonnière ne serait plus alors tributaire des pays étrangers et en particulier de l'Amérique.

On rencontre le cotonnier à l'état sauvage dans la brousse ; le coton est d'excellente qualité, résistant, suffisamment soyeux, et n'a d'autre défaut que d'être un peu court, défaut qu'une culture bien conduite, une sélection sérieuse, auront vite fait disparaître. Du reste, il y a quelque soixante ans, le cotonnier était cultivé par les noirs ; les vieux du pays se souviennent parfaitement avoir vu descendre vers Saint-Louis des pirogues chargées de coton. Peut-être qu'à cette époque la culture n'a pas été encouragée par les commerçants établis dans la colonie, afin de garder le monopole d'introduction des étoffes européennes. Si cette raison a existé, elle n'a plus de valeur aujourd'hui, notre industrie cotonnière mettant en œuvre annuellement plus de 200 millions de kilogrammes de matière textile.

Le cotonnier est un arbrisseau de la famille des *Malvacées ;* il en existe plusieurs variétés au Sénégal (toubab, ndergo, moho); mais les caractères généraux restent les mêmes : feuilles vertes, en forme de fer de lance ; fleurs pourpres ou roses ; capsules ovoïdes, contenant chacune quinze à vingt graines entourées de coton.

Depuis l'introduction des tissus d'Europe, le cotonnier qui était cultivé par les indigènes sur une assez grande échelle, ne l'est plus que dans de faibles proportions, en des « lougans » ou champs, voisins des villages ; la plupart du temps le coton sauvage est seul employé.

La culture consiste à débarrasser le terrain des mauvaises herbes, brûlées sur place pour produire un engrais ; puis, à l'aide d'une pioche ou de la charrue on trace des sillons distants de $0^{m},40$; entre chacun d'eux la terre est relevée en dôme, sur le sommet desquels s'effectue le semis, en pratiquant des trous de 5 à 6 centimètres de profondeur, au fond desquels on place deux ou trois graines.

Les semis se font d'ordinaire au début de la saison des pluies vers le mois de juin ; la floraison a lieu en novembre et la récolte en janvier ou février ; ce sont les femmes et les enfants qui sont chargés de la cueillette. Les capsules sont alors étalées sur des « sekos » ou nattes de paille, pour les faire sécher et achever leur ouverture. On sépare ensuite les graines de la bourre, soit à la main, soit au moyen d'égréneuses mécaniques. Je décris plus loin le mode de filage par les femmes, ainsi que les instruments à cet usage.

Le Sénégal offre un ensemble de conditions favorables à la culture du cotonnier ; la nature du sol ; le climat, d'une régularité remarquable. Ce sont surtout les régions voisines du fleuve et des marigots qui sont les plus propres à cette exploitation, car le cotonnier réclame un système d'irrigation bien entendue. L'hectare rend en moyenne 375 kilogrammes de coton brut, ou 125 kilogrammes de coton égrené, qui se vend sur le pied de 100 à 125 francs les 100 kilogrammes.

Plus on avance dans l'étude des essences susceptibles d'être exploitées, plus on se rend compte que notre colonie possède des richesses, que la nature, semble-t-il, a pris soin de réunir dans le même espace. Nous venons de voir le parti à tirer de la culture du cotonnier ; à côté de la matière textile, voici la matière tinctoriale, l'*indigo*, produit par l'indigotier, plante de la famille des légumineuses, très vivace, que l'on rencontre à l'état sauvage et dont l'exploitation serait une source de bénéfices.

Les feuilles de l'indigotier, soumises à une fermentation après écrasement, laissent échapper un suc incolore, tant qu'il est contenu dans le tissu végétal, mais qui, au contact de l'air, prend une teinte bleue et dépose une matière qui constitue l'indigo commercial. Les noirs préparent la teinture de façon fort rudimentaire, attendu que les *pains* obtenus sont de mauvaise qualité. Sans grands frais, il serait facile d'installer une indigoterie, comportant les cuves, les chaudières, les filtres

Le jardin d'essai et le poste de Richard-Toll.

et les presses ; la matière destinée à la fabrication des

pains d'indigo s'obtient, en effet, par une fermentation durant de douze à quatorze heures, suivie de décantements successifs, d'une cuisson et d'un filtrage. La pâte restée sur le filtre est alors introduite dans de petites caisses en bois, percées de trous et l'on soumet le contenu à l'action d'une presse à vis. Les *pains* ainsi obtenus sont placés dans des séchoirs : la richesse et l'abondance de la couleur dépendent des soins apportés à la préparation.

Avec le *tabac*, peu cultivé encore, nous abordons une question qui intéresse non seulement le Sénégal, mais notre colonie de l'Afrique du Nord, l'Algérie. L'énorme consommation de tabac dans l'Afrique occidentale offre un débouché très sérieux, en effet, pour nos producteurs algériens, et j'ai constaté avec regret que les comptoirs étaient alimentés uniquement par l'Amérique, en ce qui concerne les tabacs non manufacturés, c'est-à-dire en *feuilles* ; or, c'est précisément ces derniers que recherchent les noirs, à cause de leur bon marché et de leur goût spécial, résultant d'une préparation.

Il n'existe aucun motif pour que les Américains demeurent les maîtres du marché dans nos possessions ouest-africaines, car les producteurs algériens sont à même et au delà de l'alimenter, et par contre ils trouveront au Sénégal des tabacs dont la qualité peut entrer en ligne avec ceux des tabacs étrangers dont ils ont besoin pour leurs mélanges, ainsi que pour la fabrication des cigares. Je poursuis du reste cette étude.

Le tabac produit par le Sénégal est appelé à prendre une place prépondérante, quand sa culture aura été répandue, car il est exempt de côtes et d'un arome aussi fin que ceux de la Havane.

Une des plantes indigènes qui doit attirer l'attention est le *manioc*, et cela pour une double raison : parce qu'elle sert à la fabrication du tapioca et que des résidus de cette fabrication peut être extrait de l'alcool, combustible de l'avenir, pour les pays ne possédant pas de charbon comme les régions tropicales.

Le manioc (*Manihot utilissima*) est un bel arbuste de 2^{m},50 à 3 mètres de hauteur. Ses tubercules ou racines offrent le même aspect que ceux du dahlia, mais en beaucoup plus gros, car certains atteignent une longueur de 80 centimètres. La culture du manioc est simple ; il suffit de planter des boutures à 0^{m},50 d'intervalle, de nettoyer le terrain des plantes parasites. Une plantation est en rapport au bout de dix-huit mois.

On distingue deux espèces de manioc : le *manioc* doux et le *manioc* amer, qui sert plus spécialement à la fabrication du tapioca. Celle-ci consiste à laver les tubercules, à les râper et à tamiser la pulpe obtenue, mélangée à de l'eau, pour en séparer les éléments farineux. L'eau chargée de ces éléments est recueillie dans des bacs en bois, où elle dépose la farine au bout de quarante-huit heures ; retirée des bacs, cette farine est lavée à nouveau et placée dans des chaudières pour obtenir l'évaporation. Après quoi, on l'étale sur des tables recouvertes de plaques en cuivre rouge, chauffées par en dessous, sur lesquelles s'achève la dessiccation. La fécule se transforme alors en grumeaux de la grosseur d'une noisette, qu'il ne reste plus qu'à passer au concasseur, à tamiser et à mettre en sac.

Le manioc doux est employé par les indigènes des contrées tropicales à la confection d'une farine qui, avec le mil et le riz, remplace le pain dans la nourriture.

Le rendement moyen d'un hectare de manioc est de 25000 kilogrammes de tubercules, donnant environ 4000 kilogrammes de fécule et 500 kilogrammes de tapioca. Les régions du bas fleuve, à sol argilo-sableux conviennent fort bien à cette culture. L'installation d'une féculerie, moteur compris, ne dépasserait pas 15000 francs, pour traiter de 1200 à 1500 kilogrammes de tubercules par jour. C'est là une exploitation de *grande culture*, d'autant plus avantageuse, que des résidus de la fabrication il est facile d'extraire l'alcool, excellent combustible après dénaturation.

Un hectare de manioc produit de 1200 à 1500 litres d'alcool à 45°. L'alcool étant destiné à actionner des machines de toutes sortes, qui transformeront d'ici peu les conditions économiques d'un pays de grande culture comme le Sénégal, il est facile de voir tout l'intérêt qu'aurait à installer une féculerie montée sur ce pied un colon actif et disposant de capitaux.

A une exploitation de manioc pourrait parfaitement

être jointe une plantation de *ricin*, dont les graines sont de plus en plus employées pour la fabrication de produits pharmaceutiques, d'huiles industrielles. A ce sujet, le Sénégal offre tout particulièrement de grands avantages, en raison de sa proximité de la métropole. Actuellement, les graines importées en Europe sont en provenance de l'Inde et dirigées sur l'Italie pour la plus grande partie, puisque la fabrication de l'huile de ricin appartient presque en totalité à notre voisine; mais en dehors des frais de transport assez élevés, les graines paient au passage du canal de Suez un droit de 10 p. 100 par tonne. Or le Sénégal pourrait rapidement fournir une production suffisante pour concurrencer avantageusement l'importation des Indes, le parcours étant de deux tiers moins long et le droit de 10 p. 100 disparaissant. Ces deux avantages, surtout le dernier, assurent à cette production un sérieux débouché et nos huileries du sud-est pourraient entreprendre la fabrication de l'huile de ricin dans des conditions très favorables.

Les variétés les plus productives de ricin sont le *Ricinus sanguineus* et le *Ricinus communis minor*, qui donnent à peu près 3000 kilogrammes à l'hectare, avec 10000 pieds; le prix d'achat des graines au port de Saint-Louis serait de 25 à 27 francs les 100 kilogrammes, ce qui laisse 190 à 200 francs de bénéfice par hectare.

La culture réclame un terrain défoncé assez profondément; les semis ont lieu à l'époque des pluies. Après avoir fait tremper les graines un jour ou deux, dans de l'eau tiède, on les place par deux ou trois dans des trous profonds de 4 à 5 centimètres, espacés de 2 mètres. La levée a lieu dix ou douze jours plus tard; à ce moment, il ne faut laisser qu'un pied par trou; puis pincer la tige quand elle a atteint 2 mètres de hauteur.

Cinq à six mois après les semis, les capsules contenant les graines deviennent brunes, dures, cassantes : l'instant de la récolte est venu. Celle-ci effectuée, on expose les capsules en tas, à l'air, en les retournant fréquemment; elles éclatent et laissent tomber les graines. Les feuilles du ricin constituent un excellent aliment pour les troupeaux.

Au cours de mes pérégrinations, j'ai rencontré des plants qu'il serait facile de propager; à ce propos, j'ai attiré l'attention du ministère des Colonies sur ce point; je souhaite avoir été entendu.

A toutes ces cultures, on peut ajouter encore celles de l'*agave* et des *gommiers*.

L'agave, que nous connaissons en France et que nous appelons improprement *aloès*, n'est plus dans les pays tropicaux la petite plante aux feuilles vertes et rigides, en forme de lame, terminée par une pointe piquante, qui orne nos jardins : elle atteint plusieurs mètres de hauteur, et si ses feuilles ont toujours le même aspect, leurs dimensions sont en proportion de celles du pied.

Sa culture ne réclame pas grands soins, peu d'eau; elle pousse dans n'importe quel terrain pourvu qu'il soit sec; les terrains sableux conviennent à son développement. Les feuilles très serrées et très épaisses, armées de piquants, constituent un excellent moyen de clôture, et par décortication on en tire des fibres qui donnent des fils très résistants, susceptibles d'être tissés, et déjà employés dans l'industrie de concert avec ceux de la ramie, qui a réussi à Madagascar. Au point de vue textile, l'agave est donc intéressante; le rendement est de 1 800 kilogrammes de fibres à l'hectare.

Nous avons vu que l'exploitation des *gommiers* était localisée dans le pays des Maures, ce qui n'implique nullement qu'elle ne pourrait avoir lieu au Sénégal, où les gommiers sont fort nombreux et représentés par les variétés connues sous le nom de *vereck* et de *neb-neb.*

La gomme est recueillie sur le tronc et les grosses branches, dont l'écorce desséchée sous l'action des vents d'est, après la saison des pluies, se rétrécit, se fendille et laisse suinter par les fissures la sécrétion provenant d'un état morbide de l'arbre.

Jusqu'ici, les indigènes imprévoyants employaient des procédés de récolte épuisant rapidement le gommier, ils faisaient à hauteur d'homme de larges incisions à l'aide de haches, allant même jusqu'à soulever l'écorce sur une certaine longueur; ces procédés amenaient une surproduction momentanée, mais les arbres mutilés dépérissaient bientôt, d'où la disparition de taillis, de forêts, et une perte sèche.

Les gommiers étant une source de produits importants

pour le commerce de la colonie, des instructions sévères ont été données pour leur conservation et la récolte. Celle-ci doit se pratiquer de la façon suivante : on choisit les sujets adultes, sur le tronc desquels on pratique une incision longitudinale de 10 centimètres, ayant comme profondeur l'épaisseur de l'écorce ; cette plaie doit être rafraîchie tous les quinze jours environ, en l'allongeant de quelques centimètres.

De cette façon et en laissant à l'arbre une année de repos, les lèvres de la plaie très rapprochées ont le temps de se souder, l'arbre reprend sa vigueur, sans souffrir de l'incision.

LES ENNEMIS DE L'AGRICULTURE. — Avant de clore ce chapitre donnant un aperçu des cultures existantes et à entreprendre, je dois dire un mot des cultures d'acclimatation. Je savais que le colon, chez lequel je recevais l'hospitalité, avait fait des essais d'exploitation du caoutchoutier céara, originaire de l'Amérique, et je le priai, lors de l'une de nos visites sur sa concession, de me montrer ses essais.

— Vous n'en verrez que les derniers vestiges, me dit-il ; les quelque trente mille pieds de céara, dont j'ai cru un instant l'acclimatation possible, et qui avaient donné de très belles espérances, ont été anéantis en moins de six mois par les *fourmis-termites*.

Tenez, voyez-vous, cette espèce de tumulus, de 3 ou 4 mètres d'élévation, flanqué de cônes secondaires;

c'est une termitière. J'ai eu un mal inouï à la détruire en partie ; l'ouverture seule a demandé plusieurs heures de travail. Ces terribles rongeurs sont un vrai fléau ; et fatalement les céaras, arbres à moelle, devaient être pour eux une proie facile. C'est à cause des termites que les cases sont montées sur des supports en bois de fer, seule essence résistant à leur attaque.

Nous étions parvenus au milieu de la plantation ressemblant à une houblonnière, avec ses troncs dépourvus de feuilles. Je m'approche de l'un d'eux et le secoue, le tronc me reste dans la main ; ce n'est plus qu'un tube creux, rongé de la base au sommet, les racines sont couvertes de myriades de petites fourmis blanches et leur nombre est tel, que par places le sol est mouvant.

— Il ne reste plus qu'à mettre le feu à tout cela, dit le colon, en regardant tristement cette dévastation, et à utiliser le terrain d'une autre manière, le feu seul aura raison de toute cette vermine.

Le mot n'est pas exagéré, car c'est bien une véritable vermine ; j'en ai fait depuis l'expérience plus d'une fois. On arrive, on s'installe, et si l'on ne prend la précaution de déposer les bagages ou les vêtements sur une table, tout ce qui touche le sol est réduit en miettes ; les bouteilles, même cachetées à la cire, ne restent pas indemnes ; les bouchons sont percés à jour.

A mon avis, il faut renoncer à la culture du céara, dans les régions du Sénégal ; cette espèce de caoutchoutier ne s'y trouve pas dans les conditions climatériques voulues et serait constamment la proie des infernales termites, qu'il est impossible de détruire complètement.

Les autres ennemis des cultures sont les *sauterelles*, les *chenilles*, les *papillons*, qui s'attaquent aux plantations de coton, de ricin ; les *mange-mil*, dont le vrai nom est *sanguinirostris*, qui s'abattent par milliers sur les champs de mil, au moment de la récolte, malgré les escouades de femmes et d'enfants qui les pourchassent et font un bruit infernal avec tous les ustensiles possibles.

Je me souviens que le jour de la visite aux plantations de céara, notre conversation avait glissé insensiblement sur les aléa de la culture.

— Toute médaille a son revers, me disait le courageux colon ; nous avons une puissance de végétation qui contrebalance les accidents inévitables, soit météorologiques, soit provenant des animaux ; — en France, c'est la grêle, les gelées ; ici, ce sont les termites, les sauterelles ; le mieux est de s'en tenir aux cultures du pays qui font bon ménage avec ces voisins parfois gênants

CHAPITRE XII

UNE ALERTE. — A LA PISTE D'UN FAUVE. — SÉRÈRES ET PEUHLS.
LA LÉGENDE DU SANGLIER. — CHASSE AUX CAÏMANS.

Une alerte. — Comme nous rentrons au village, nous trouvons tout le monde en émoi ; les femmes sont groupées et tiennent un conciliabule, l'une d'entre elles a appris au village voisin de Diambo qu'on a aperçu, dans la soirée de la veille, un lion rôdant aux bords du marigot. Comme les animaux du troupeau et les chevaux sont au pâturage, un noir est envoyé à la recherche du berger, avec ordre de rentrer immédiatement. La nuit est venue, lorsque les animaux sont ramenés à l'enclos, mais deux des chevaux manquent. Les chercher à travers la brousse est une opération peu facile : on allume de grands feux en avant des cases, avec l'espoir que les chevaux se dirigeront du côté de la lueur, s'ils ne sont pas trop éloignés.

Enfin, dans la soirée, les deux retardataires rejoignent ; il ne reste plus qu'à faire bonne garde pour la nuit.

— Les lions sont assez nombreux dans la région, me dit le chef de la concession, surtout vers la fin de l'hivernage, car l'eau faisant défaut dans l'intérieur, ils se rapprochent des marigots. En général, les feux suffisent pour les tenir à distance ; il est bon cependant de prendre ses précautions, car j'ai gardé le souvenir émouvant d'une visite de ces peu agréables voisins, au début de mon installation ici.

Il n'existait alors que quatre ou cinq cases, et afin de me mettre au courant du dialecte bambara, j'avais pris l'habitude de passer chaque soir quelques instants avec mes noirs. Un jour, j'avais reçu l'administrateur, vieux Sénégalais, dont les conseils m'étaient précieux ; nous causions assis sur une natte, derrière les feux, quand un bruit de branches brisées se fit entendre tout près. Nous nous levons immédiatement et nous trouvons pour ainsi dire nez à nez avec un couple de fauves ; le lion et la lionne.

Prompt comme l'éclair, l'administrateur saisit un tison et le jette à la tête de ces audacieux visiteurs qui eurent le bon esprit de prendre le large. Depuis cette alerte, j'ai fait hâter le débroussaillement et dégager les alentours ; d'ordinaire le lion d'ici n'attaque pas l'homme, il s'en prend au troupeau.

— Mais celui-ci une fois dans l'enclos est à l'abri ?

— Pas toujours ; bien que les perches aient 2 mètres de hauteur, le lion les franchit parfaitement, bondit sur sa proie, la rejette sur son dos et reprend le même chemin. Nous verrons demain à relever les traces de celui signalé ; il doit venir de la partie haute de la concession non encore défrichée ; je doute cependant que nous puissions le joindre, car les halliers sont presque

Les femmes tiennent un conciliabule...

impénétrables. Et tenez, voici l'explication probable de son arrivée.

Une vive lueur éclairait l'horizon, dans la direction indiquée.

— Les indigènes auront mis le feu aux herbes, et activé par le vent l'incendie a atteint la brousse.

A LA PISTE D'UN FAUVE. — La nuit se passa sans alerte; seuls les chacals nous régalèrent de leur concert habituel. Dans la matinée, accompagnés d'un boy muni de provisions et tenant à notre portée une arme chargée, nous nous enfonçons dans la brousse, au milieu des genêts épineux, sous le couvert de grands arbres d'où pendent d'énormes lianes. Notre approche fait fuir toute une gent emplumée ; des singes verts marchant sur leurs pattes de derrière ou se suspendant à une branche rasant le sol, pour bondir aux branches supérieures en poussant de petits cris aigus.

Depuis longtemps, toute trace de sentier avait disparu et nous marchions en plein hallier sans hésitation, car mon guide connaissait jusqu'au dernier recoin de son terrain, lorsque je le vis ralentir le pas et me faire signe d'avancer avec précautions ; le boy nous passa nos armes.

Le fourré avait un aspect sauvage qui sentait son lion d'une lieue.

Nous allions pénétrer dans une sorte de clairière au centre de laquelle s'élevait un gros tamarinier, quand un piétinement sourd accompagné de ronflements nous arrête net, le doigt sur la détente de nos fusils... A peine avons-nous eu le temps de nous rendre compte de la direction exacte des bruits perçus, qu'un énorme sanglier débouche du fourré, suivi d'une kyrielle de marcassins...

Un coup de feu salue au passage le dernier de la bande et le couche sur place.

— A défaut de lion, nous aurons toujours un cuissot de sanglier, s'écrie mon compagnon, en relevant son arme fumante. Nous pouvons avancer, le fauve est en chasse, il a dû mettre cette bande en fuite après avoir prélevé son déjeuner.

Ayant franchi le cercle de broussailles, nous nous trouvons en plein repaire du lion. Sur un espace de 50 à 60 mètres de tour, le sol est labouré de coups de griffes, ainsi du reste que le tronc des arbres voisins ; dans un renfoncement, sous un couvert d'épines, le terrible locataire absent a installé sa chambre à coucher. Pendant quelques instants, nous pouvons suivre les traces de sa sortie, mais elles vont se perdre dans des buissons impénétrables à l'homme et nous reprenons les sentes frayées pour nous arrêter auprès de tombeaux sérères, au bas desquels nous déjeunons.

Sérères et Peuhls. — Les Sérères habitaient, il y a environ un siècle, les forêts du bas fleuve ; ils en furent chassés par les Peuhls et les Toucouleurs, qui les repoussèrent vers la côte. La hauteur des tumulus s'explique par cette coutume indigène, qui veut que chaque passant jette un caillou à toute tombe près du chemin. A en juger par le nombre de noirs suivant celui aux abords duquel notre déjeuner est déballé, les tumulus recouverts de végétation doivent contenir quelques milliers de cailloux. Nos provisions tirent à leur fin, quand nous nous apercevons du manque de verres ; qu'à cela ne tienne ; le feutre de l'un de nous servira de gobelet, et la bouteille vide va rejoindre les cailloux des tumulus... peut-être deviendra-t-elle un objet de curiosité dans les siècles futurs.

Le retour s'effectue sans incidents. Tandis que le maître-coq affairé prépare un cuissot du fameux marcassin, je continue mes observations relatives aux coutumes des Bambaras.

C'est l'heure du repas. Les hommes mangent entre eux ; puis vient le tour des femmes. Les uns et les autres apportent dans tous leurs actes des soins de propreté méticuleuse. Ils se servent de leurs doigts très adroitement, pour porter les aliments à la bouche, mais les mains ont été préalablement lavées, et la même opération a lieu le repas achevé, en y ajoutant un raffinement : celui du rince-bouche.

Venir à 4000 kilomètres de France, pour retrouver dans l'une de nos colonies africaines cet antique usage démodé chez nous, sous prétexte de civilisation, est une de ces surprises qui prêterait à plus d'une réflexion.

La légende du sanglier. — J'ai dit que les Bambaras étaient plus ou moins pratiquants ; que leur islamisme était mitigé. Le cuissot de marcassin m'en fournit une preuve, car ses reliefs font les délices de nos boys. A ce propos, je recueille la légende du sanglier, remontant à l'époque du déluge, et expliquant pourquoi les mahométans ne mangent pas la chair du porc ou de ses congénères : on verra que les noirs ont tourné la difficulté en l'interprétant à leur façon.

« Au moment où le Prophète recueillait dans un bateau tous les animaux de la création, il annonça que l'homme ne pourrait manger la chair de ceux qui demeureraient dans l'eau. Or le sanglier, sourd aux appels du Prophète, était demeuré assis dans la vase ; de là son exclusion dans l'alimentation des mahométans. »

Mettant en pratique le proverbe : « Il est avec le ciel des accommodements », les Bambaras et autres races se sont dit qu'après tout le sanglier n'était pas demeuré entièrement dans l'eau, qu'il était donc mangeable en partie, et pour calmer leurs scrupules, ils se contentent de couper la queue de l'animal, de la jeter en l'agonisant de toutes sortes de sottises !

Pas déjà si bête ce compromis ! d'autant moins que le marcassin est un savoureux plat de résistance, facile à se procurer.

Chasse aux caïmans. — Je consacre mon dernier après-midi à une chasse aux caïmans. Ces sauriens pullulent ; étendus sur la berge du marigot, ils demeurent immobiles sous les rayons ardents du soleil, offrant une cible facile à atteindre, mais non à pénétrer, tant leur carapace est épaisse et dure. L'animal n'est vulnérable qu'à la tête, dans la région de l'œil : j'ai la chance de loger dans ce centre deux de mes projectiles et de voir osciller sur place, avant de glisser dans l'eau les sauriens touchés. Cette chasse ne présente aucun danger et n'a d'autre attrait que celui de débarrasser le plus possible les cours d'eau infestés.

Le lendemain, je quittais mon hôte si hospitalier, pour poursuivre mon voyage dans la brousse. Nous devions nous retrouver à Podor, le jour de Noël.

CHAPITRE XIII

CHEZ LES NOIRS : CASTES ; CAPTIFS. — RELIGION ; SUPERSTITIONS ; GRIS-GRIS ; SORCIERS. — MARIAGES ; NAISSANCES ; FUNÉRAILLES. — INSTRUMENTS DE MUSIQUE ; DANSES ; GRIOTS ; JEUX. — INDUSTRIES. — INSTRUCTION.

CHEZ LES NOIRS : CASTES ; CAPTIFS. — Je pars, accompagné d'un interprète obligeamment prêté par le chef de la concession ; précédé de deux porteurs, je prends la route conduisant aux villages échelonnés le long du marigot, point plus spécialement visé par les données de mes études.

La route mérite bien ce nom jusqu'au moment où je quitte la concession ; ensuite, c'est un misérable sentier, battu par les noirs depuis des années. La terre est particulièrement dure à la marche, car il est rare que le pied se pose à plat, le sol étant bossué par des souches ou des touffes d'herbe.

Je croise de nombreux indigènes revenant des villages de culture d'hivernage et regagnant les bords du fleuve, pour la saison sèche. Des bœufs à bosse servent de monture aux femmes hardiment campées à califourchon sur le dos de l'animal ; des bouricots portent les ustensiles les plus encombrants ; tandis que des fillettes ou de jeunes garçons ayant une grande calebasse remplie d'objets, sur la tête, vont à grands pas, en cambrant leur taille sous le boubou. Tous sont polis; d'aucuns même se dérangent pour venir me saluer. Le salut consiste à porter au côté gauche de la poitrine la main de la personne à laquelle on rend la politesse. Les noirs sont très formalistes, et ce serait une insigne maladresse que de prendre peu au sérieux, ou d'avoir l'air de dédaigner leurs avances.

Le passage de tout ce monde soulève une poussière assez forte. L'interprète m'indique un excellent procédé pour garantir la bouche, au moyen d'une feuille d'arbuste, soutenue par une paille la traversant deux fois par chaque extrémité; la feuille ainsi maintenue dans les lèvres joue le rôle d'un obturateur fort commode.

Grâce encore à mon interprète, je reçois partout le meilleur accueil. Les villages se ressemblent; ce sont les mêmes cases rondes à toits coniques; la même installation; la même nourriture : farine de mil, riz, laitage, bière de mil; les habitants diffèrent seuls un peu, comme esprit, mœurs et coutumes, avec ceux du village bambara où je viens de séjourner. Ils sont en général plus apathiques.

Ils se répartissent en diverses castes : chefs; marabouts; notables de condition libre; captifs de case; captifs de traite; ouvriers en cuirs, en bois; tisserands; forgerons; griots.

Les chefs, les marabouts, les notables, passent leur temps dans l'oisiveté, assis ou étendus à l'ombre d'un

Des bœufs à bosse servent de monture...

toit de paille, ou d'un arbre; ils s'installent sur une peau de bête ou une natte, ayant à côté d'eux une calebasse remplie d'eau pour les ablutions; causent entre eux des affaires du village, ou psalmodient des versets du Coran, laissant aux captifs le soin de cultiver la terre.

Les captifs nés chez leur maître sont appelés *captifs de case;* ils jouissent d'un certain nombre de droits, comme celui de ne pouvoir être ni cédé ni vendu ; de devenir propriétaire ou de posséder à leur tour des captifs. Les *captifs de traite* ne peuvent prétendre à ces droits. En résumé, les premiers sont des domestiques faisant partie intégrante de la famille; leur situation est douce et ils n'ont aucune raison, à moins de faute grave, de s'enfuir; les captifs de traite ne sont pas dans le même cas. Au reste, les uns et les autres sont recueillis par les « villages de liberté », où ils sont assurés de trouver protection et subsistance, sous certaines conditions de travail et de soumission.

RELIGION ; SUPERSTITIONS ; GRIS-GRIS ; SORCIERS. — Toutes ces populations sont acquises à l'Islam et pratiquantes. Du lever au coucher du soleil, les noirs ne font pas moins de vingt-deux prières, sans compter les oraisons ou invocations dites sur le chapelet. La prière ou *salam* se dit debout en levant les mains, les paumes en avant à hauteur de la face, et en prononçant *Allah K'bar*[1], en fléchissant le corps en avant, les mains sur les

[1] Dieu est grand.

cuisses ; en se prosternant à terre, les mains et le front la touchant, par deux fois ; debout, les mains sur le côté, la tête fléchie en avant ; assis, les jambes pliées vers la droite et en scandant le rythme des versets du Coran avec le doigt indicateur de la main droite sur la cuisse droite. Ces indigènes sont superstitieux au dernier point et ont une foi absolue dans leurs *gris-gris*. Le jeudi, par exemple, est un jour favorable pour entreprendre un voyage (je tombe bien ! je me suis mis en route un vendredi). Présage heureux aussi, le serpent qui traverse votre route de droite à gauche. Mais si parmi vos aïeux, il en est un qui a éprouvé un accident après avoir croisé un animal quelconque, cet animal devient sacré pour la famille, fût-il un lion ou un naja, le serpent à lunettes, ce qui doit être plutôt gênant sur le moment.

Quant aux gris-gris, la liste en serait longue comme un jour sans...riz ! ils sont l'équivalent de nos porte-bonheur, de nos talismans. Le plus souvent, ce sont de petits carrés de papier sur lesquels sont inscrits des versets du Coran et enfermés dans des sachets en cuir plus ou moins ornés ; ou bien des dents, des ossements humains (rien de l'anthropophagie) ; des morceaux de bois, des sachets avec de la poudre de bois odoriférant ; des pierres percées provenant de tombeaux ; tous objets ayant appartenu à un parent ou à un ami.

Les gris-gris préservent de tout : maladies, blessures ; donnent la chance ; à moins qu'ils ne préservent de rien du tout... auquel cas, tenez pour certain que les marabouts trouvent une explication. Ces talismans se portent au cou, à la poitrine, aux bras, aux jambes; la conviction en leur efficacité est universelle. Qui sait? c'est peut-être à elle qu'il faut attribuer le courage et le sang-froid des Sénégalais conduits au feu. Et sommes-nous bien venus à en rire? n'avons-nous pas nous aussi, les civilisés, nos superstitions, nos croyances, nos gris-gris! respectons donc chez ces noirs ce que nous voulons qu'on respecte chez nous.

Par exemple, les sorciers dépassent la mesure! Ces sacripants — qui prétendent connaître l'avenir, posséder des philtres magiques, faire tourner à leur gré les événements, et tiennent sous leur coupe les populations, par la terreur qu'ils inspirent — sont de vulgaires farceurs, voire même du bon gibier de potence; car ils ne se gênent pas pour appeler le poison à leur aide, afin de justifier leurs sinistres prédictions.

Il fut un temps où ils étaient d'autant plus redoutés qu'ils passaient pour les exécuteurs des hautes œuvres des capricieux roitelets, désireux de se défaire d'un gêneur ou d'un compétiteur, dont ils prédisaient à l'occasion le décès à jour fixe.

Ils donnent aussi des recettes médicales, plus abracadabrantes les unes que les autres: telle celle d'écrire sur une planche des versets du Coran, de la laver jusqu'à disparition des caractères et d'absorber l'eau à une certaine heure, après y avoir ajouté du foie ou du cœur de serpent.

Mariages ; naissances ; funérailles. — Les mariages sont peu compliqués ; la femme est achetée en quelque sorte par son futur mari qui paie une dot à la famille. Cette dot est représentée par des captifs ou par des objets variant selon la situation, l'âge et la beauté de la jeune fille ; elle va de 300 à 500 francs, quelquefois 600. Ordinairement les jeunes filles se marient entre treize et quinze ans ; mais il arrive fréquemment qu'elles soient fiancées avant leur nubilité, soit que les parents aient un besoin pressant de la dot, soit que le choix du futur ait devancé l'époque à laquelle il a l'intention de se marier. En cas de séparation ou de répudiation, les parents de la femme sont tenus de rendre la dot.

La naissance d'une fille est moins bien accueillie que celle d'un garçon. Selon l'habitude générale chez les musulmans, la circoncision est pratiquée vers la douzième année ; elle est l'occasion de fêtes, qui débutent par des promenades dans le village. Les jeunes garçons s'affublent de costumes grotesques, boubous de femmes, chapeaux à forme excentrique ; ils portent une lance à lames multiples et bizarres, appelée *bâton des circoncis ;* ils partent ensuite pour la brousse pendant un mois et vivent de menus larcins commis dans le village, sans que quiconque puisse les réprimander. Tout leur est permis durant ces jours de fêtes.

Quand un homme libre vient à décéder, on lui enlève ses bijoux, ses gris-gris ; le corps est lavé par les femmes, puis enveloppé dans une pièce d'étoffe et couché dans une fosse peu profonde, la face tournée vers l'est, une pierre est placée en terre, à l'aplomb de la tête, et la tombe est protégée par un enchevêtrement de broussailles chargées de pierres. Chaque passant doit jeter un caillou à toute tombe voisine d'un sentier; de là, sur les chemins fréquentés, les tumulus que l'on rencontre.

INSTRUMENTS DE MUSIQUE; DANSES; GRIOTS; JEUX. — Les noirs ne sortent de leur apathie qu'à l'aide d'une bruyante excitation; toute rudimentaire qu'elle est, leur musique ne manque pas de charme; tantôt vive, enjouée; tantôt monotone, triste. Aussi bien pour les fêtes que pour les travaux agricoles, les chants et la musique des *griots* sont indispensables; eux seuls ont le privilège de toucher les instruments, balafon, tam-tam, guitare, flûte de roseau, kora ou guitare à dix-sept cordes, clochettes; il n'est pas rare de voir les semailles s'effectuer aux sons d'une cacophonie épouvantable; j'allais oublier le nouvel instrument introduit par la civilisation, les vieilles boîtes de conserves, remplaçant avantageusement le tambourin.

Une des grandes distractions pour les indigènes est la danse, surtout pendant les soirées et les nuits d'été, où la lune brille d'un éclat prestigieux; on danse avec ou sans musique; dans ce dernier cas, les spectateurs marquent la mesure par des battements de mains et des chants: ces fêtes dansantes portent le nom de *tam-tam*. Habituellement une seule femme danse à la fois; l'art chorégraphique ne rappelle en rien celui de notre académie de musique, mais il ne manque pas d'une certaine originalité : ce sont des mouvements rythmés, des poses lentes, des dodelinements de la tête avec contorsions des bras ; ou bien des pantomimes représentant la chasse, la guerre, l'amour. J'ai dit que les griots avaient seuls le privilège de jouer des instruments. Ces griots ou griotes, car il y a des femmes aussi dans cette caste à part, sont des êtres regardés par leurs frères en couleur comme de race inférieure ; ils tiennent un peu le rôle de nos anciens bouffons et troubadours du moyen âge ; ce sont des parasites vivant aux dépens de ceux dont ils chantent les louanges.

Selon la situation du louangé, ils célèbrent longuement la valeur de ses ancêtres et finalement terminent par cette phrase type : « Fais-moi un cadeau et je dirai partout que, comme ton père, tu es généreux. » La popularité est alors en proportion directe du cadeau ; étant donné l'orgueil des noirs, la conclusion est facile à tirer. Parasites, chapardeurs, fourbes, vils et flatteurs, les griots réunissent tous les défauts sans avoir aucune qualité. Autrefois, à l'époque des luttes intestines, ils accompagnaient le chef de leur village à la guerre et exaltaient le courage des combattants en chantant les faits d'armes des anciens. Aujourd'hui, leur rôle est bien déchu, et le jour n'est pas éloigné où ils disparaîtront, avec les légendes attachées à leur individualité ; les noirs s'imaginent, en effet, que les griots ne meurent pas, mais se transforment en plantes, en arbres, et que le murmure du vent dans les branches n'est autre que le chant des griots ; on voit que la métempsycose a de fervents adeptes au pays noir.

Les jeux sont aussi en honneur : les principaux sont les jeux de *cauris*[1], qui rappellent celui des osselets, et le jeu des bûches ou jeux de dames. Au reste, les cartes arabes et même françaises sont de plus en plus en usage.

Industries. — Un coin curieux à visiter dans un village, c'est la case des *forgerons ;* le mot est impropre, mais je ne l'ai pas inventé, car il représente des ouvriers fabriquant indifféremment un mors de bride, un chapelet, une arme blanche ou un bijou ; on les appelle des *baïlos.* Ils sont d'une habileté très grande, tout en n'ayant qu'un outillage peu compliqué, confectionné par eux. Pour travailler, ils s'accroupissent devant leur enclume à une corne, tandis qu'un aide manœuvre le soufflet de forge, composé de deux peaux de bouc communiquant avec une gaine en bois qui conduit le vent jusqu'au feu, où chauffe, selon l'objet à créer, soit la pièce de fer, soit le creuset en argile, contenant l'or ou l'argent destiné aux bijoux. Ces derniers sont de véritables petites merveilles d'orfèvrerie : boucles d'oreilles ciselées à jour ; bagues gravées ; bracelets de bras ou de chevilles, massifs, pesant jusqu'à 700 grammes chaque.

[1] Coquillages.

Nos élégantes trouveraient peut-être un peu lourds de pareils bijoux, mais les femmes noires sont d'une coquetterie que rien n'arrête : les doigts, les oreilles, les bras, les chevilles sont surchargés d'ornements sans compter la chevelure, objet de dispositions originales, nécessitant une demi-journée de souffrances pour la patiente, car les cheveux naturellement crêpus doivent être étirés avant de les natter. Une des plus jolies coiffures en ce genre est celle des femmes peuhls ; elle a la forme d'un cimier orné de verroteries, de perles de couleur, de boules d'ambre ou de morceaux de verre dorés ; une petite tresse ornée ainsi pend sur le côté droit de la tête, à hauteur de l'oreille.

Le hasard a fait que pendant mon séjour dans le dernier village du Fouta où se terminent mes études techniques, j'ai eu l'occasion de prendre la photographie d'une jolie petite peuhl, coiffée en cimier. Venue rendre visite à une femme du chef, en compagnie de son frère, elle se prêta très gentiment à poser devant l'appareil.

Les Peuhls se distinguent du reste des autres noirs, par bien des côtés. Ce sont, en quelque sorte, les nomades du Sénégal ; ils cultivent peu la terre et vivent du produit de leurs troupeaux, qui trouvent dans le Fouta les pâturages nécessaires. Leur peau d'un noir un peu rougeâtre, leurs attaches fines, le nez droit aux ailes développées, les lèvres minces, le profil allongé en font presque des Européens. Les hommes sont grands, agiles, souples ; les femmes gracieuses, onduleuses dans leur démarche, caressantes ; elles ont dans le regard un velouté qui ne se rencontre pas chez les autres races. Les mœurs des Peulhs sont aussi plus paisibles, plus patriarcales.

En outre des forgerons, on trouve dans le Fouta les autres corps de métier ou castes qui existent dans toute l'Afrique : les *sakés* ou ouvriers travaillant le cuir ; les *laobés* ou menuisiers ; les *mabos* ou tisserands.

Les *sakés* sont très habiles, très artistes dans leur genre ; tous leurs ouvrages, gaines, sacs, gris-gris, harnachements, sandales sont ornés de capricieuses arabesques, dessinées tantôt à l'aide de teintures, tantôt à l'aide d'une sorte de burin en acier ; ils découpent, par exemple, une frange de cuir en menues lanières et obtiennent des effilés d'un très joli effet.

Les *laobés* creusent les pirogues, décorent les calebasses, les portes de cases, fabriquent des sièges, des bâtons de chefs, et ont le souci de faire original et joli.

Quant aux *mabos*, ils confectionnent, à l'aide de petits métiers rudimentaires, des bandes d'étoffe, qui, réunies, sont employées pour faire les pagnes et les boubous. Le tissage commence vers la fin de l'hivernage, quand les femmes ont achevé de filer le coton récolté en saison sèche ; pour filer, le coton est disposé sur une quenouille, le brin s'enroule sur un fuseau fin appelé *tiné cala*, emmanché dans une boule de bois dur (*tiné courou*), qui forme poids ; la fileuse tient le fil de la main gauche et actionne de la main droite, entre le pouce et l'index, le fuseau auquel elle imprime un mouvement de rotation, et dont l'ensemble porte le nom de *diéné*.

Quand les tisserands ont livré les bandes de toile blanche; les femmes se chargent de la teinture, dont l'indigo fait tous les frais. Autrefois, il n'était pas rare de voir un pagne, de 2 mètres de longueur sur 1 mètre de largeur, se payer 20 ou 25 francs, ou l'équivalent; mais l'introduction des cotonnades européennes et surtout des guinées, pour la majeure partie en provenance de Pondichéry, ont fait baisser notablement les prix.

Telles sont les principales industries que j'ai eu l'occasion d'étudier et dont je viens de donner un aperçu aussi exact que possible.

Instruction. — L'instruction est peu répandue; les enfants apprennent à lire et à écrire en copiant les versets du Coran sur des planchettes de bois, à l'aide d'une plume de roseau, trempée dans une teinture plus ou moins bonne. Les illettrés sont nombreux. Il n'existe aucun ouvrage à proprement parler; quelques populations ont une histoire locale écrite, des légendes, mais c'est par les conteurs qu'on les connaît; la langue écrite est le plus souvent la langue arabe. Quant au langage, il existe autant d'idiomes que de races pour ainsi dire. Cet état de choses se modifiera rapidement sous la bienfaisante influence du développement de l'instruction, auquel le gouverneur actuel s'intéresse tout spécialement.

CHAPITRE XIV

FAUNE. — FLORE. — MINÉRAUX : L'OR DU BAMBOUK.

FAUNE. — La faune du Sénégal présente de nombreuses espèces. Au fur et à mesure qu'on pénètre dans le pays, on rencontre : le chacal, le chat-tigre, la hyène, le sanglier, le lion, la panthère. Le fleuve et les marigots sont infestés par les caïmans à un tel point qu'il faut prendre des précautions minutieuses pour s'y baigner et que fréquemment des noirs sont victimes de leur imprudence.

Les cours d'eau sont très poissonneux ; on y pêche dans certaines parties de fort belles crevettes excellentes ; le mode de pêche employé le plus communément par les indigènes est le filet, qu'ils tendent d'un bord à l'autre ; l'un des meilleurs poissons est le « capitaine », dont la chair ressemble un peu à celle du congre. Le long des rives, on trouve le martin-pêcheur, le canard d'eau, l'oie, le pélican, l'aigrette, au plumage si recherché et qui tend malheureusement à disparaître, l'aigle-pêcheur.

Les forêts contiennent de nombreuses variétés de singes : le petit singe gris, le singe vert, le singe noir, le singe hurleur. Quant aux oiseaux, les plus communs sont les *souïmangas* ou colibris, les tetras, les mangemil ou *sanguinirostris*, le pigeon vert, les corbeaux à ventre blanc, les chouettes, les vautours dont quelques-uns mesurent 1^{m},50 d'envergure, les aigles, les tourterelles, les merles métalliques, les outardes, les guêpiers, les ignicolores; les astrilds à joues rouges ou oranges; les cardinals.

Le gibier abonde : cailles, perdrix, biches, cerfs, oies sauvages, outardes, lièvres, se rencontrent à chaque pas dans la brousse.

Parmi les animaux à redouter en dehors des fauves, il faut citer les serpents. Entre autres, le *naja*, long de 2 ou 3 mètres, à tête de forme plate, ornée de taches noires rappelant vaguement une paire de lunettes. Puis, plus terrible encore, le *serpent-minute*, petit, fluet, de couleur noire, long de 25 à 30 centimètres, dont la morsure amène la mort avec une rapidité foudroyante. Aussitôt en présence d'un ennemi, le serpent-minute se dresse sur sa queue et fait un saut dépassant parfois un mètre.

A côté de ces deux espèces dangereuses, il en existe une quantité d'autres, pythons ou couleuvres, qui n'ont rien de terrible, et que les noirs attirent même dans les villages.

Un autre animal à éviter est le *scorpion*, d'assez grandes dimensions. On le trouve un peu partout, particulièrement dans les endroits garnis de pierres et de broussailles.

Les lézards foisonnent; depuis le petit lézard gris,

jusqu'au grand lézard vert, et à une espèce énorme qui se tient dans le voisinage des cours d'eaux, appelée la « gueule-tapée ».

Les insectes sont en quantité innombrable : papillons énormes, scarabées, lucanes, moustiques, fourmis, termites, charançons, coléoptères de toutes sortes. Les plus terribles sont les moustiques, non pas tant par les démangeaisons insupportables provenant de leurs piqûres, que par l'affection qu'ils véhiculent, la fièvre jaune. On s'en préserve en entourant les lits d'une moustiquaire.

Viennent ensuite les fourmis : *fourmis-termites* qui s'attaquent aux cultures, comme nous l'avons vu, et construisent de véritables retranchements durcis par le suc qu'elles sécrètent, au point de résister à l'action de la poudre ; *fourmis-lions*, autant à redouter que le serpent-minute; noirs ou blancs, selon l'espèce, longs d'un centimètre, ils marchent en colonnes compactes, s'étendant sur plusieurs kilomètres de longueur parfois, et malheur alors à celui qui est surpris par eux ; c'est la mort la plus épouvantable, on est dévoré vivant.

Il ne faudrait pas conclure de ce qui précède qu'à chaque pas on se trouve en présence de serpents, de fauves, ou de fourmis-lions. On voyage fort bien dans la brousse durant des mois, sans faire de semblables rencontres. Ceci dit afin de couper court à toute exagération; on grossit toujours les choses à distance, surtout en ce qui concerne les régions un peu éloignées.

Quant aux animaux domestiques, ils sont les mêmes que les nôtres : bœufs, vaches, veaux, moutons, chèvres, chevaux, ânes, poules, pigeons, canards, dont quelques espèces présentent cette particularité de ne pas aller à l'eau. A titre de renseignements, je donne ici les prix de quelques-uns de ces animaux :

Un bœuf vaut de 80 à 90 francs ; une vache 150 francs ; les brebis, les chèvres de 3 à 4 francs ; les chevaux de race maure, de 350 à 400 francs ; ceux du pays, de 60 à 90 francs ; un âne, 30 ou 40 francs ; selon les localités, une poule se vend 0 fr. 60 ou 1 franc ; un canard 2 francs. Les œufs vont de 0 fr. 60 la douzaine à 1 fr. 20.

Flore. — La flore est aussi riche que la faune ; baobabs, mangliers[1], cocotiers, rôniers, bambous, aréquiers, fromagers, au tronc si curieux avec sa couronne de côtes formant cloisons et laissant entre elles un espace assez profond pour constituer un abri ; caïlcedras ou acajou du Sénégal ; tamariniers au vaste feuillage, bananiers, mimosas, lis et orchidées, et une foule d'autres variétés dont la nomenclature serait trop longue.

Dans le Haut-Sénégal, vers Médine, on trouve le *Karité* ou arbre à beurre, de la famille des Sapotacées. Le fruit contient une matière grasse que les indigènes extrayent en pilant la graine débarrassée de sa coque et en faisant chauffer la pâte dans de l'eau ; le corps gras

[1] Palétuvier.

surnage à la surface où il est recueilli, pour être transformé en pains de beurre, qui se conserve frais très longtemps et remplace fort bien le beurre ordinaire ou la graisse pour les préparations culinaires[1].

Les légumes potagers poussent à merveille et rapidement ; avec un peu de soin, il est facile d'avoir pendant presque toute l'année les divers légumes frais d'Europe.

Minéraux. — La région côtière du Sénégal et la partie moyenne du fleuve ne renferment pas de minéraux. Les gisements métallurgiques se rencontrent dans l'arrière-pays, dans le Bondou, le Bambouk, près de la rivière Falémé. Ils comprennent : l'or, l'argent, le mercure, le cuivre, le fer. Mais jusqu'à ce jour, les travaux des prospecteurs n'ont pas permis d'entreprendre des exploitations en grand. L'or en provenance de ces contrées est surtout recueilli par les noirs, qui creusent à cet effet des puits de 5 à 6 mètres ; ils lavent ensuite les terres et en retirent l'or en assez grande quantité, qu'ils échangent contre des produits apportés par les traitants.

Nul doute qu'un jour des exploitations minières viendront accroître les sources de prospérité du Sénégal.

[1] Etudes à ce sujet de M. Colin. Société de géographie commerciale de Paris.

CHAPITRE XV

RETOUR A PODOR. — NOEL SOUS LES TROPIQUES. — LE JARDIN DE L'ADJUDANT. — LE BATEAU-CITERNE « L'AKBA ». — DESCENTE A SAINT-LOUIS. — LE CAYOR. — LES ARACHIDES ; TIVAOUANE. — RUFISQUE, LA CAPITALE DES « GUERTÉS ».

RETOUR A PODOR. — Les journées s'écoulaient cependant plus rapidement que je ne l'eusse souhaité, car en dehors des études et des observations si curieuses faites chaque jour, je me laissais aller à tout le charme de cette vie en pleine nature, au milieu de ces noirs qui m'offraient l'hospitalité en s'ingéniant à satisfaire tous mes désirs et mes besoins. Il fallait penser au retour.

Comme je mettais un peu d'ordre dans mes notes, et terminais mes préparatifs, un courrier piéton me rejoignit ; il était porteur d'un mot du chef de la concession : « Si vous avez terminé vos travaux, rentrez par le marigot ; les amis du poste nous attendent pour le réveillon ; nous retournerions ensemble à Podor. J'espère que l'un de mes hommes vous rencontrera, j'en envoie deux à votre recherche... »

Descendre le marigot, c'était parfait comme itinéraire ; je ne pouvais mieux désirer. Restait à savoir si je trouverais une pirogue. Je détachai mon interprète en éclaireur. Quelques instants plus tard, il revenait m'informer que nous aurions une grande pirogue à voile pour le lendemain, et le courrier emportait mon acceptation, sans plus se reposer, malgré la distance parcourue et à parcourir. On ne peut s'imaginer l'agilité et l'endurance de ces noirs, capables d'effectuer des courses extraordinaires, non pas à cause de la rapidité de leur marche, mais par la continuité de l'allure soutenue durant deux et trois jours. Ils vont ainsi, un bâton à la main, une peau de bouc contenant de l'eau, un peu de farine de mil et des kolas quand ils en trouvent.

Le lendemain, à la première heure, je quittais ce coin du Toro, où j'avais passé de si bons instants, et poussée par le vent d'est, la pirogue filait en descendant le marigot. Dans l'après-midi, j'étais de retour au village de liberté, et, enfourchant nos montures, nous reprenions avec mon hôte le chemin de Podor.

Noël sous les tropiques. — Il fait nuit quand nous mettons pied à terre en face le poste. Nous sommes attendus ; les mains se serrent ; vite, un bout de toilette et nous passons dans la salle à manger, où se dresse, délicieuse surprise, d'autant plus appréciée que je reviens de la brousse, une table tout étincelante de blancheur, de lumières des photophores, égayée par des fleurs merveilleuses.

C'est une vraie fête qui se prolonge gaiement en joyeuse et amicale compagnie fort tard dans la soirée, en savourant les gourmandises du dessert et en sablant le champagne à la santé des nôtres, dont 5 000 kilomètres nous séparent.

Minuit... ! je sors. La nuit est douce, tiède presque ; sous les étoiles brillant au ciel, se balancent les fines branches du palmier de Faidherbe ; pas de neige ; pas de bise glaciale ; c'est la nuit tropicale, dans sa pure et grandiose splendeur, troublée seulement par la voix de basse d'un des convives entonnant un Noël... et comme pour répondre aux sentiments qui nous agitent, voici que tout à coup, dans le lointain, une sirène fait entendre ses appels : c'est le fluvial arrivant de Saint-Louis, apportant un peu d'air de France...

Dès le matin, les passagers débarquent ; notre groupe s'augmente pour quelques heures de nouveaux compagnons. L'un d'eux a rapporté un gramophone ; séance tenante, il est installé, et bientôt le poste retentit des airs les plus variés. Le soir, c'est un véritable concert. A entendre ces voix reproduites par l'instrument, on éprouve une impression indéfinissable, qui vous tient sous un charme mystérieux.

Le jardin de l'adjudant. — Les arrivées de bateaux sont les seules distractions, pour ainsi dire, venant rompre la monotonie de l'existence journalière dans ces contrées éloignées, existence qui n'a d'attrait que pour ceux sachant apprécier la vie en pleine nature et se créer des occupations. Entre toutes, une des distractions utiles est la culture d'un jardin potager. Podor en possède un, véritable petite oasis de verdure, où, à force de soins, l'adjudant chef du détachement a réussi à faire pousser des légumes d'Europe, depuis les salades jusqu'aux aubergines monstres, dont quelques-unes pèsent plus d'un kilogramme. Que d'estomacs doivent une profonde reconnaissance « au jardin de l'adjudant », pour les légumes frais savourés à sa table hospitalière! J'en ai pour mon compte emporté un souvenir inaltérable, sous forme du cliché des fameuses aubergines.

Non loin du jardin est situé le cimetière des blancs. Sous les ombrages des vastes tamariniers, s'élèvent les tombes bien entretenues de ceux qui ne reverront plus la mère patrie, pour laquelle ils sont morts victimes du climat ou des événements, comme le malheureux administrateur, M. Jandet, assassiné sur le marché voisin. Je salue avec émotion ce coin de terre, doublement française.

Cette visite fut ma dernière dans l'escale. Vingt-quatre heures plus tard, par une radieuse matinée, je faisais mes adieux à tous ces excellents camarades, emportant un souvenir ineffaçable de leur accueil, et prenais passage sur l' « Akba », accompagné de deux de mes amis, qui avaient tenu à me faire un bout de conduite. Au confluent du marigot, il fallut se séparer. Le canot du bord les conduisit à terre et pendant que nous poursuivions notre marche, ils disparurent dans les hautes herbes au-dessus desquelles s'agitèrent un instant leur coiffure ; j'étais seul, reprenant le chemin de la France.

Le bateau-citerne « l'Akba ». — Un court séjour à Richard-Toll, dont je visitai le jardin plus en détails qu'à l'aller, et où je fus accueilli de la façon la plus charmante; puis l' « Akba », accélérant sa vitesse, entrait dans l'estuaire du Sénégal ; le dernier jour de l'année me ramenait à Saint-Louis.

Quitter l' « Akba » sans remercier ici son affable commandant serait une ingratitude impardonnable ; de plus, ce bateau joue un rôle trop important dans la vie des habitants de N'Dar pour que je ne lui consacre pas quelques lignes. C'est un bateau-citerne, allant fort loin dans le fleuve, au delà du point où se fait sentir la marée, chercher l'eau douce nécessaire aux besoins de Saint-Louis, qui en est totalement dépourvue. Des travaux sont en cours actuellement pour le forage d'un puits, mais ils réclameront probablement encore quelque temps, car la profondeur à atteindre est de 300 mètres. L' « Akba » fait donc continuellement la navette, pour remplir ses citernes et les vider dans les réservoirs d'alimentation.

Descente a Saint-Louis. — C'est encore à mon ancienne maison meublée que je vais m'installer. Je suis campé dans une pièce un peu plus confortablement meublée que celle occupée à mon premier passage, mais toujours avec un sommier défoncé ; décidément, c'est une spécialité, dont je n'ai cure d'ailleurs. Un saut à la poste où m'attend une lettre de France, et cette soirée, que j'entrevoyais morose, se termine au contraire fort agréablement, grâce à l'aimable invitation d'un fonctionnaire du gouvernement général, avec lequel je suis entré en relations au sujet de mes études. Il est ici en famille ; une fois présenté à sa charmante femme, je suis reçu et traité comme de la maison ; ce à quoi on est fort sensible.

1er janvier. — Je laisse le soleil se lever. Depuis trois nuits, j'ai dormi roulé dans un burnous, étendu sur une chaise longue, l' « Akba » ne possédant pas de couchettes, et ma foi je fais grasse matinée, malgré le sommier défoncé ! Ce ne sont pas les quémandeurs importuns qui viendront me déranger en m'offrant leurs souhaits !

Tranquillité trompeuse ! Comme je finis ma toilette, un toc toc discret heurte la persienne ; j'ouvre. C'est une négrillonne, mes chaussures cirées à la main...

— Boujou... ma boune année...

Patatras ! me voici retombé en plein Paris, et l'on prétend que la civilisation ne fait pas de progrès ! La gamine a une figure si drôle ; elle roule des yeux si expressifs, que je pars d'un éclat de rire et me fends d'une piécette ; après quoi, elle me tire une inimitable révérence verticale et disparaît en faisant claquer ses sandales.

Au fait ! elle m'a rendu service ; j'allais oublier que je suis par le 16e degré de latitude, et que les visites se font de préférence dans la matinée. J'endosse un costume aussi blanc que la peau de ma protocolaire négresse est noire, et me voilà dans la rue.

Je trouve Saint-Louis plus animé ; les fêtes du nouvel an modifient un peu l'aspect des rues ; les noirs ont sorti leurs boubous tout flambants neufs et leurs sandales neuves ; sur la chaussée, des gamins s'amusent avec des jouets européens achetés à quelque comptoir ; des femmes circulent offrant des oranges du Cap-Vert ; je me paie mes étrennes avec les jolies pommes d'or, et tout en les savourant, je gagne N'Dar-Toute, où réside le lieutenant-gouverneur du Sénégal, M. Guy, auprès de qui je rencontre l'accueil le plus sympathique.

Deux ou trois autres visites emploient le reste de ma matinée. Dans l'après-midi, après les heures de sieste, je vais serrer la main à un camarade que j'ai connu à Paris ; il m'accapare durant le reste de mon court séjour, avec une cordialité pleine d'entrain.

Ma dernière journée est consacrée à parcourir le joli faubourg de Sor, entrevu à mon arrivée ; le jardin d'essai où je cause longuement avec son compétent directeur, M. Maroleau. Tout ce coin de la banlieue de Saint-Louis est frais, ombreux, coquettement aménagé. Au débouché du pont Faidherbe, s'élève sur une petite place, la pyramide rappelant les noms des médecins tombés au champ d'honneur pendant les épidémies de fièvre jaune qui ont à diverses reprises ravagé la colonie, et principalement Saint-Louis, en 1882 et 1901. Les travaux d'assainissement entrepris empêcheront, il faut le souhaiter, le retour de cette meurtrière fièvre jaune. On est aujourd'hui mieux armé pour cette lutte ; car il est bien établi que c'est à un moustique du genre *stegomyia*, qu'il faut attribuer la propagation de la maladie tropicale ; les travaux remarquables poursuivis à ce sujet, par MM. Blanchard et Léon Dyé, du laboratoire de parasitologie, à Paris, permettent d'escompter dans un avenir rapproché des résultats probants, qui serviront de base à des instructions hygiéniques précises.

Pourquoi faut-il qu'à côté de cette splendide végétation tropicale, si pleine de séduction et de charme, existent des fléaux aussi terribles ?

En rentrant à Saint-Louis, je croise les voitures du gouvernement général, revenant de la gare, où elles sont allées chercher l'amiral commandant la division anglaise de l'Atlantique, qui rend visite au gouverneur de l'Afrique occidentale française. Les événements du Maroc ne sont certainement pas étrangers à cette marque de courtoisie, qui va durant quelques heures mettre en émoi le monde officiel, et donner à la ville une animation inusitée.

La Résidence, la place du Gouvernement, sont pavoisées ; le soir, les illuminations déroulent leurs cordons de feux multicolores ; du haut des terrasses, le tableau est féerique. Je quitte Saint-Louis sous cette impression de lumière. Le lendemain matin, le train m'emportait à travers le Cayor.

Le Cayor. — Placé entre Dakar et Saint-Louis, le Cayor est au centre même de la partie de notre colonie bordant l'océan ; c'est, ainsi que je l'ai dit, la dernière région soumise à notre autorité. Commencée par le gouverneur Faidherbe en 1860, la conquête n'en fut complètement achevée qu'en 1883, époque à laquelle le damel Samba-Laobé signa avec le colonel Bourdiaux, gouverneur, un traité définitif qui a été respecté ; la création de la ligne Saint-Louis-Dakar acheva la pacification.

Depuis que la voie ferrée a mis les indigènes en relations suivies avec les Européens, certaines parties du Cayor, incultes il y a quelques années, commencent à se couvrir de champs d'arachides.

Toutes les stations situées le long du chemin de fer sont des points de traite importants : M'Pal, Louga, N'Dande, Kellé et surtout Tivaouane alimentent Rufisque, le grand marché de l'arachide. Tivouane appelait plus particulièrement mon attention à cause de l'existence de ses nombreux comptoirs et de l'accroissement des affaires ; je décidai d'y arrêter quelques heures, de toucher ensuite à Rufisque avant de rallier Dakar.

Quand on quitte la forêt de rôniers que traverse le train après Kellé, un massif verdoyant surgit brusquement aux regards du voyageur : C'est Tivaouane. Je suis, non pas en pays connu, mais en pays de connaissances : l'administrateur avec lequel j'ai échangé une correspondance, de France, est même précisément l'ancien administrateur de Podor, celui-là même qui, avec un si beau sang-froid, a jeté un tison à la tête des trop curieux visiteurs nocturnes, mâle et femelle, rôdant aux abords du village de liberté, où j'ai séjourné quelques jours.

Le receveur régional, à la porte duquel je vais frapper, était mon voisin de cabine sur le paquebot « La Plata » ; mon arrivée ne le surprendra qu'à demi.

L'un et l'autre me font l'accueil le plus aimable. Sur les instances de sa gracieuse jeune femme, je demeure l'hôte de mon compagnon de traversée, qui complète, par une visite sur place, les renseignements sommaires donnés au cours de nos causeries à bord.

Les arachides ; Tivaouane. — Tivaouane est le point de concentration des caravanes apportant l'arachide de l'intérieur, des confins du Baol principalement ; le village situé sur le côté gauche de la voie ferrée, en allant vers la mer, ressemble à un vaste champ de foire, avec ses grandes baraques à auvents, abritant des comptoirs bien achalandés, mais dans lesquels j'ai rencontré encore trop de marques étrangères, à mon gré.

— C'est par milliers de tonnes, me dit mon cicerone, que l'arachide transportée à dos de chameaux, arrive ici. A l'époque de la traite, on peut évaluer à 3 000 ou 4 000 le nombre d'indigènes qui parcourent l'escale.

La plupart d'entre eux visitent les comptoirs, y font des achats, se créant ainsi peu à peu des besoins qui les obligent à travailler pour les satisfaire. Depuis le développement de la culture de l'arachide, le pays a

Chameau chargé d'arachides.

changé à vue d'œil ; c'est là la meilleure preuve que l'agriculture est la base des affaires commerciales aux colonies. Vous verrez, du reste, à Rufisque, c'est encore plus saillant.

RUFISQUE, LA CAPITALE DES « GUERTÉS ». — Je me remets en route le lendemain matin ; le train part à cinq heures et le jour n'est pas levé quand je m'installe dans mon compartiment ; en voilà pour trois heures.

— Rufisque !... La voix du conducteur du train me réveille, car je m'étais bel et bien endormi. Je saute sur le quai. Huit heures sonnent comme je sors de la station et mets le pied dans la capitale des *guertés*, nom ouolof donné aux arachides, dont les approvisionnements envahissent tous les coins de la ville. Depuis la gare aux marchandises, où s'empilent les sacs par milliers, jusqu'aux hangars, aux wharfs, partout, ce ne sont que montagnes de graines, hautes parfois de 8 à 10 mètres, jamais épuisées, car les wagonnets déversent sans cesse un nouveau stock amené par la voie ferrée.

J'entre en ville par la rue *Lebon*, nom qui rappelle l'inauguration de la gare, par le ministre des Colonies d'alors, en 1897, pendant un voyage trop rare, pour ne pas être cité, à travers le Sénégal. Comme toutes les autres artères principales, cette rue est sillonnée d'une voie étroite sur laquelle courent, en un va-et-vient perpétuel, du matin au soir, de véritables petits trains accompagnés par les employés des diverses maisons de commerce.

Le rail aboutit aux trois wharfs, de 100 à 200 mètres de longueur, à l'extrémité desquels les goélettes viennent charger l'arachide pour la transporter aux navires ancrés à un ou deux milles de la plage. Rufisque, située au sud de la baie formée par la presqu'île du Cap-Vert, est en effet une rade ouverte, peu profonde, ne permettant pas aux bateaux de s'amarrer à terre, où il n'existe du reste aucun quai, ce qui n'empêche pas l'exportation annuelle de *140 000* tonnes de graines, valant de 24 à 25 millions, dirigées sur Marseille, Bordeaux, ou le nord de l'Europe.

L'arachide est employée pour la fabrication de produits industriels : savons, huiles, parfumerie, etc. Les méchantes langues vont jusqu'à prétendre qu'on en extrait de l'huile... d'olive, de la glycérine ; qu'elle revient de Suisse ou de Hollande sous forme de beurre ou de fromage. Si cela existe, ce n'est, en tout cas, ni plus ni moins mauvais que la margarine ou l'huile de noix.

Toujours est-il que les cacaouettes font la fortune de la Sénégambie et que Rufisque est l'un des premiers marchés de graines oléagineuses du monde ; son trafic couvre ou couvrira sous peu, à lui seul, les frais du chemin de fer de Dakar.

Je longe la côte bordée de cases abritant une population de pêcheurs. A la pointe d'une minuscule presqu'île s'élève un feu fixe, vieille masure délabrée, crénelée, entourée de caronades, la culasse en l'air, sur lesquelles je lis la date de 1830. Tout à côté, la cabane du gardien, vieux noir parlant un français baroque, préposé en même temps à la garde du cimetière dominant ce promontoire dénudé, battu par les vents et les flots qui roulent des galets noirs.

Une route en contre-bas, traversant des lagunes et un village noir, me ramène à Rufisque, sur la place Faidherbe ; à l'ombre de cocotiers, un jet d'eau égrène ses notes cristallines.

Les quelques constructions rudimentaires qui formaient autrefois le centre de l'escale, ont fait place à de belles maisons bâties en pierres, fort bien aménagées, dont les rez-de-chaussée sont en majeure partie occupés par des comptoirs, où se presse une foule d'acheteurs. Toute proportion gardée, Rufisque, due à l'initiative privée, est une véritable ville, rivalisant avec Saint-Louis et Dakar ; à une chose près, cependant, j'y ai vainement cherché un café ou un restaurant. Les comptoirs, fort heureusement, vendent de tout, et, muni de provisions, je suis allé m'installer au bord de la mer ; de ma vie, je n'ai fait un meilleur repas, dans une plus belle salle à manger. J'en oublie presque l'heure du départ et je n'ai que juste le temps de jeter un coup d'œil sur le *Longchamp* sénégalais, situé de l'autre côté de la gare, où je suis de retour comme le train est signalé.

Un caprice me prend : au lieu de monter dans un des compartiments réservés aux *Toubabs* ou blancs, je décide de finir le trajet relativement court jusqu'à Dakar, en compagnie des noirs. Au grand ahurissement de ces

La gare de Rufisque, capitale des « Guertés ».

derniers, je grimpe dans un de leurs wagons ; c'est le meilleur moyen de recueillir sur le vif quelques impressions.

Je n'ai jamais tant regretté mon ignorance de la langue sénégalaise. A en juger par la mimique des physionomies, les conversations doivent être des plus drôles. C'est une cacophonie à nulle autre pareille ! à travers laquelle fusent les rires de jeunes négresses fort occupées à leur toilette. D'une poche de leur boubou, elles sortent de petits miroirs, devant lesquels elles rajustent leur coiffure, leurs bijoux, ou procèdent à un nettoyage en règle de leurs dents à l'aide de l'inséparable morceau de « sétio » : c'est une des plus grandes préoccupations de ces dames.

A côté d'elles, une grave maman s'occupe de son nourrisson ; un vieux marabout égrène son chapelet ; plus loin, deux Ouolofs discutent avec force gestes.

Une station : toutes les têtes sont aux fenêtres ; ce sont alors des appels, des cris, des bonjours, des rires qui redoublent quand, sur la plate-forme, apparaît une connaissance ordinairement flanquée de sa valise, une calebasse monstre, contenant les objets les plus hétéroclites ; elles sont mises un peu à toutes les sauces, je crois, ces bienheureuses calebasses.

Le temps passe vite à observer tout ce monde enfantin. Voici l'océan, la rade, et Dakar, quittée hier semble-t-il.

CHAPITRE XVI

NOTRE GRAND PORT DE L'AFRIQUE OCCIDENTALE. — RELATIONS MARITIMES ET TÉLÉGRAPHIQUES. — LA STÈLE DE PAUL BLANCHET. — DÉPART POUR LA FRANCE.

NOTRE GRAND PORT DE L'AFRIQUE OCCIDENTALE. — Je suis au terme de mon parcours, revenu à mon point de départ. Après des semaines d'une existence accidentée et remplie d'impressions de toutes sortes, il me semble sortir d'un rêve. J'ai encore deux jours devant moi; j'en profite pour visiter notre principale station maritime de l'Afrique occidentale, à peine entrevue à mon arrivée.

Pour mieux me rendre compte de son aspect, je gagne, par les boulevards et les rues adjacentes, les hauteurs de la falaise qui forme la pointe du cap Vert, à l'extrémité de laquelle s'allonge la chaussée des Almadies. La côte, qui apparaît si basse de la mer, est en réalité une succession de mamelons, de croupes: sur l'une d'elles, s'élève Dakar dont les nouveaux quartiers occuperont le point culminant, déjà parsemé de constructions particulières, voisines des bâtiments militaires et administratifs.

La ville se dessine; les voies sont larges, propres, régulières, rayonnant, comme point central, autour d'une place bien ombragée. En quelques années, elle a pris un développement tel que, dès maintenant, on peut la considérer comme devant être l'une des plus belles cités de la côte occidentale; le transfert du siège du gouvernement général ne pourra que hâter son embellissement.

Il faut dire que depuis ces dernières années d'immenses travaux ont été entrepris et poussés avec une fiévreuse activité.

Parmi tous ces travaux, ceux du port sont les plus avancés. L'ancienne jetée a été prolongée de 150 mètres; une nouvelle, lui faisant face, est en construction et sur le terre-plein entourant ce vaste carré de plusieurs hectares, qui représente la rade, des quais vont surgir, facilitant l'accès des bateaux, qui trouveront plus tard une forme de radoub pour les réparations ; en attendant, les vapeurs, en cas d'avaries, peuvent les réparer aux ateliers de la Marine.

Lorsque les ouvrages de fortification en voie d'achèvement auront couronné les hauteurs, Dakar sera un point d'appui inexpugnable pour notre flotte de l'Atlantique. L'entrée du port, bien protégée par l'île de Gorée, ne présente pas de difficulté; les commandants de navires qui viennent pour la première fois à Dakar la franchissent sans le secours de pilote. Par un temps clair, ils aperçoivent, à 30 milles du cap Vert, le phare des Mamelles, situé à 10 kilomètres de la ville, à 113 mètres au-dessus du niveau de la mer, phare de premier ordre, à feu tournant blanc, éclairant tout l'horizon.

Relations maritimes et télégraphiques. — En dehors du dépôt des Messageries maritimes, le port a plusieurs autres parcs à charbons ; celui de l'État et celui de la *Société de l'Afrique occidentale française*. Les navires y trouvent aussi toutes les provisions pour se ravitailler.

Les communications maritimes du Sénégal avec la France sont fréquentes et rapides. Notre colonie se trouve, en effet, sur le passage des paquebots des *Messageries maritimes* de la ligne d'Amérique (Bordeaux-Buenos-Ayres), qui partent tous les quinze jours ; le prix de la traversée est de 500 francs en 1re classe ; 300 francs en 2e classe et 200 francs en 3e classe. En dehors de cette ligne, les vapeurs de la *Compagnie des Chargeurs réunis*, partant du Havre, *viâ* Bordeaux ; ceux de la *Compagnie Fraissinet* et des *Transports maritimes*, partant de Marseille ; les bâtiments des maisons *Maurel* et *Pron*, *Devès* et *Chaumet*, de Bordeaux, les paquebots anglais font des voyages réguliers sur les côtes d'Afrique, avec escales à Dakar.

Nous sommes moins bien partagés sous le rapport des communications télégraphiques. Aucun câble *français* ne relie directement la France à nos colonies (Algérie exceptée) et nous sommes tributaires des câbles anglais. C'est ainsi que Dakar, Saint-Louis, sont reliés d'un côté à l'Europe par le câble de Sainte-Croix-de-Ténériffe à Cadix, et de l'autre par l'*African direct telegraph Co*, Saint-Vincent-Lisbonne.

La chose est à peine croyable ; elle existe malheureusement. Il importe d'y porter remède dans le *plus bref délai*, car nos colonies ne peuvent demeurer isolées de la métropole, et dans cet ordre d'idées, il est à souhaiter que le projet du câble Brest-Dakar soit mis à exécution *sans délai*[1]. Les communications télégraphiques étant assurées dans l'intérieur, tout le Soudan, voire même les contrées du Tchad et le Congo seraient ainsi reliées d'une façon absolument indépendante, et à l'abri de toute surprise, avec la mère patrie.

Pendant mes allées et venues à travers la cité sénégalaise, j'ai découvert un coin délicieux, le Jardin de ville, caché dans un petit ravin, ouvrant sur le fond de la rade, en bordure du chemin de fer. Il est impossible de rêver oasis plus fraîche, plus ombreuse, que cet Eden en miniature, aux sentiers fleuris de buissons de roses, aux dômes de bambous verdoyants et de caïlcedras touffus. J'ai passé là les meilleures heures de ma dernière matinée, respirant l'air vif de la mer, dans un calme réparateur.

La stèle de Paul Blanchet. — Je regagne le port, pour donner un souvenir ému à l'infortuné chef de la mission de l'Adrar, Paul Blanchet, emporté à Dakar, en 1901, par un accès de fièvre jaune, au moment de s'embarquer, après avoir échappé aux multiples dangers courus pendant son voyage chez les Maures de l'Adrar. Une stèle, avec médaillon reproduisant les traits de cette

[1] Les travaux d'immersion du câble sont en cours d'exécution à l'heure actuelle.

audacieuse intelligence, s'élève près de la *Marine*, sur l'emplacement des quais futurs ; le monument modeste rappellera du moins l'une des plus grandes tentatives de l'initiative privée, pour pénétrer dans le Continent noir; les péripéties qui l'ont accompagnée et son cruel dénouement méritent mieux qu'une simple mention passagère.

Organisée sous les auspices du journal *le Matin*, la mission scientifique, à laquelle étaient attachés MM. Blanchet, Jouinot-Gambetta, Dereims et Tignol, était chargée spécialement de l'étude d'un chemin de fer transsaharien dans le nord-est du Sénégal. Elle devait pour ce faire pénétrer dans l'Adrar Tmar, ou Adrar des dattes, pays tout à fait inconnu, qu'il ne faut pas confondre avec l'Adrar situé vers le cap Blanc, et atteindre Atar, centre de l'oasis où avant elle personne n'avait porté ses pas.

Débarquée à Dakar en janvier 1901, la mission ne put se mettre en route qu'au début du mois de mars, à cause des difficultés d'approvisionnement, du recrutement du personnel, et du dressage des animaux. Elle quittait enfin N'Diago, faubourg de Saint-Louis, situé à 12 kilomètres de la ville et entrait en pays Trarza, dont le chef, Ahmet Saloum, est dévoué à la France. Mais au fur et à mesure où l'on avançait vers l'Adrar, les guides devenus craintifs faisaient tout leur possible pour faire abandonner aux hardis explorateurs leur projet : les rôdeurs, la soif, les terribles Oulad-Delim, étaient autant d'épouvantails constamment évoqués. De fait, les Oulad-Delim avaient été aperçus dans le nord ; il y avait des centaines de kilomètres à franchir presque sans eau ; rien n'y fit ; la route fut continuée. « C'est le pays de la peur et de la soif, disaient les guides ; il faut être maboul (fou) ou Français pour faire ce chemin. »

La peur, nos voyageurs n'en avaient cure ; non plus que des quinze fusils que pouvaient opposer à leur trente carabines les Oulad-Delim, qui avaient déjà vendu à l'avance les bagages de la mission qu'ils se chargeaient, avaient-ils prétendu, d'arrêter et de piller. Quant à la soif, elle faillit compromettre tous les efforts.

« En arrivant un soir au campement, écrit dans son journal de route le lieutenant Jouinot-Gambetta, de nos huit peaux de bouc, nous constatâmes avec effroi que trois étaient vides, l'eau avait fui par des trous imperceptibles, ou inaperçus ; il ne restait en tout qu'une centaine de litres pour trois jours de route et deux séjours prévus, et nous étions onze, sans compter le soleil qui prélève sa part.

« Heureusement, il se trouva un homme plus intelligent que les autres, qui ne craignit pas de travailler un peu, pour gagner beaucoup. Je lui promis deux barils de poudre, un costume de calicot blanc, de la guinée, du tabac, des couteaux, des miroirs, que sais-je encore !... il enfourcha son méhari, disparut dans la nuit et vingt-quatre heures plus tard, ayant doublé les étapes, il

La stèle de Paul Blanchet à Dakar.

rapportait quatre guerbas (peau de bouc) bien remplies. Nous étions sauvés... »

La marche reprise, toujours avec le spectre évoqué des Oulad-Delim, et les recommandations des guides de ne pas faire de bruit, de ne pas allumer de feu, de ne pas dormir, se poursuivit cependant sans incident, grâce à la protection d'un marabout, Saad Bou, habitant Touizikt, et dont l'influence religieuse s'étend fort loin dans la région. Saad Bou, déjà âgé, avait sauvé l'explorateur Soleillet des mains des Oulad-Delim ; il avait aussi arrêté Fabert, mal outillé pour avancer plus loin ; mais il ne put réussir à détourner Paul Blanchet de son projet. « Ne te fie à personne qu'à toi-même et souviens-toi que plus un homme de l'Adrar te montrera de bien, plus il te voudra de mal », lui dit-il ; paroles vraies, comme la suite des événements le prouva trop bien, suite qui fut atténuée par ce même Saad Bou, quand il apprit que la mission était retenue et en danger à Atar, où elle était enfin parvenue.

« L'oasis, écrit M. Jouinot-Gambetta, a environ 200 maisons et 2 000 habitants, sédentaires pendant une partie de l'année ; le reste du temps ils se promènent avec leurs tentes en poil de chameau, partout où il y a des pâturages pour leurs troupeaux. Le Maure est promeneur par essence ; il ne connaît pas de domicile stable ; c'est le sol, qui fait de lui un nomade, parce qu'il ne produit pas d'une façon constante et partout à la fois. Il ne reste dans les oasis que pendant deux ou trois mois, période de la récolte des dattes appelée la *Guetna*.

« L'oasis est misérable. Elle ne rappelle en rien celles d'Algérie, qui ont des milliers de palmiers, et cela par cette raison que les Maures ne canalisent pas l'eau durant la saison des pluies. On a raconté que l'Adrar était un pays riche, qu'il possédait des autruches, des animaux de toute sorte ; il faut en rabattre. L'industrie y est très rudimentaire ; à peine y travaille-t-on le bois, les forgerons seuls sont les ouvriers les plus répandus, les maisons sont en terre mélangée de pierres. »

A Atar, la mission fut mal reçue. Des gens de l'escorte la trahirent et nos explorateurs furent enfermés dans une maison où ils eurent à soutenir, pendant deux jours, un vrai siège, d'autant plus pénible qu'il régnait alors une chaleur de 50° et que l'eau faisait totalement défaut. Faits prisonniers, ils demeurèrent dans cette situation plus de deux mois, se demandant chaque soir si le lendemain ils seraient vivants ; tantôt, en effet, on voulait leur couper la tête, tantôt les vendre comme esclaves au Maroc. L'émir d'Adrar, Moktar-Ould-Aïda, résista heureusement aux fanatiques, et grâce à l'intervention du cheik Saad Bou, énergiquement poussé par le gouverneur général, la mission pouvait enfin reprendre le chemin de Saint-Louis, où elle arrivait saine et sauve, rapportant de précieuses données géographiques sur le pays, visité antérieurement d'une façon incomplète par Panet, en 1850, et par Vincent, en 1860.

Le jeune et courageux savant, qui avait déjà fait d'intéressants travaux en Algérie et en Tunisie, a malheureusement payé de sa vie son audacieuse tentative, qui aura cependant eu comme résultat principal de contribuer à notre pénétration et à la pacification de la Mauritanie.

Départ pour la France. — Comme je me dirige vers la jetée, j'aperçois le pavillon des Messageries maritimes, hissé au mât de l'agence : le paquebot est signalé. Je prends congé du délégué du gouverneur, que je tiens à remercier encore de son amabilité.

Quelques heures plus tard, j'étais à bord. Je me souviens qu'à ce moment un regret me prit. Je quittais un pays qui m'avait été si hospitalier, où j'avais éprouvé tant de satisfactions, que malgré moi j'eus comme un serrement de cœur; l'espoir de parcourir un jour les régions visitées, de pénétrer plus avant, dissipa cette impression.

Dix jours après, revues les escales ensoleillées de Lisbonne et de Vigo, j'étais de retour en France au milieu des miens.

CHAPITRE XVII

SITUATION ACTUELLE DE LA COLONIE ; SON AVENIR. — POPULATION ; BUDGETS RÉGIONAUX. — COMMERCE ET INDUSTRIE ; UN « FRENCH SHORE » INEXPLOITÉ : LA BAIE DU LÉVRIER. — L'ŒUVRE DE M. ÉTIENNE ET DU Dr BALLAY. — LE GOUVERNEMENT DE L'AFRIQUE OCCIDENTALE.

SITUATION ACTUELLE DE LA COLONIE ; SON AVENIR. — Maintenant que mes lecteurs connaissent suffisamment l'œuvre colonisatrice entreprise dans cette partie de l'Afrique française que nous venons de parcourir, il n'est pas sans intérêt de voir quelle est sa situation actuelle et son avenir.

Pour s'en rendre compte, il est indispensable d'exposer la division politique du Sénégal.

Quand, après la pacification du Cayor et du haut fleuve (1885-1890), le Sénégal fut entré dans une période de paix, inconnue jusqu'alors, une grave question se posa : à quel régime allait-on soumettre ces populations noires disposées à accepter notre domination ? Encore sous l'influence de la routine administrative, de la centralisation à outrance, on commit la faute de vouloir appliquer à notre colonie notre administration métropolitaine avec tous ses rouages compliqués de procédure, de formalités fiscales, de justice, méconnaissant ainsi les mœurs et coutumes des indigènes.

Les résultats ne se firent pas attendre : les noirs s'empressèrent de se soustraire à cette tutelle tracassière, par une émigration dans l'intérieur et ce ne fut pas sans quelque peine qu'on les ramena, sous la promesse de leur laisser une liberté en rapport avec leur caractère.

Pour ne citer qu'un exemple, les *Peuhls*, qui vers 1886 se comptaient par milliers dans la banlieue de Saint-Louis, n'étaient plus, cinq ans après, qu'en petit nombre. Fort heureusement qu'à la tête de la colonie se trouvait alors un gouverneur au courant des choses d'Afrique, M. Clément Thomas. Avec beaucoup d'intuition, il reconnut que le meilleur procédé était de rendre aux chefs indigènes l'administration des territoires placés sous notre autorité, tout en les surveillant. Cette solution, approuvée par le sous-secrétaire d'État aux Colonies, M. Étienne, donna de rapides résultats. De là, la division politique et administrative actuelle.

Population ; budgets régionaux. — Le Sénégal est divisé administrativement en deux arrondissements : Saint-Louis et Dakar-Gorée. Trois sortes de territoires sont soumis chacun à un régime différent :

Les *communes de plein exercice*, pourvues d'une organisation complète et faisant partie des arrondissements, savoir : Saint-Louis, Gorée, Rufisque, Dakar, avec ses 40000 habitants.

Les *territoires d'administration directe*, où une souveraineté absolue est exercée par le gouverneur : cercles de Dakar, Thiès, du Cayor, de Dagana, de Podor, de Matam, de Bakel, le Saloun, la Casamance, avec 60 000 habitants.

Les *groupes de protection*, dont les chefs sont nommés par le gouverneur ; *territoires d'administration indigène* ou *de protectorat immédiat :* cercles de Dakar-Thiès, Cayor, Dagana, Podor, Matam, Bakel, Nioro, dans le Saloun ; Carabane et Sedhiou, en Casamance, avec 900 000 habitants.

Enfin, *pays de protectorat politique :* Maures de la rive droite, Trarza, Brachna, Douaïch, etc., avec 80 000 habitants approximativement.

Au total un million d'habitants répartis sur 170 000 kilomètres carrés peuplés de noirs, et 250 000 kilomètres environ pour les pays de Mauritanie.

Mais il ne suffit pas d'assurer aux populations noires la tranquillité, le respect de leurs coutumes, permettant d'attendre de notre contact une évolution vers la civilisation, il fallait aussi assurer l'extension économique des régions habitées par elles, et trouver les ressources nécessaires aux dépenses des travaux entrepris pour la création des voies de communication, la mise en valeur des terrains.

On décida l'établissement de budgets régionaux alimentés par des contributions que paieraient les noirs, en vertu de conventions acceptées par leurs chefs et dont le produit serait en partie employé aux dépenses intéressant les contribuables eux-mêmes.

Les indigènes comprirent vite le système et se rendirent compte qu'ils étaient dès lors associés au maniement des affaires de leur pays ; les budgets régionaux alimentés par le produit de l'impôt personnel variant de 1 à 3 francs, de taxes sur les armes perfectionnées, 5 francs par arme, et d'autres diverses, ont donné de sérieux résultats ; l'ouverture des voies de communication a augmenté non seulement le trafic commercial, mais le développement de l'agriculture en général ; ces résultats constituent un progrès réel et sont pleins de promesses pour l'avenir.

La situation financière du Sénégal est des plus prospères ; le budget local est de 6 millions, dont plus de 3 millions fournis par les douanes. Les budgets régionaux atteignent 2 millions de francs passés.

Commerce et industrie ; un « French Shore » inexploité ; la baie du Lévrier. — Comme nous l'avons vu, notre colonie est un pays réellement producteur ; le chiffre du *commerce d'exportation*, dont Rufisque et Saint-Louis sont les principaux ports, a dépassé *30 millions* en 1902 ; il ne roule plus, comme jadis, sur des produits naturels ou de cueillette, tels que : la gomme, l'ivoire mort, la poudre d'or, les plumes, la cire, mais bien sur des produits de culture : arachide, sésame, dont le nombre peut s'accroître en y adjoignant la culture du manioc, du ricin, du tabac, et autres essences.

Certaines régions propres à l'élevage permettraient l'exportation des peaux en grande quantité.

Quant au *commerce d'importation*, il se chiffre par *50 millions*. Les produits les plus recherchés sont : les tissus, les indiennes, en particulier les cotonnades bleues connues sous le nom de *guinées*, articles pour la fabrication desquels nous nous sommes laissés distancer par l'Angleterre, la Belgique, l'Allemagne, alors que nos filateurs devraient être les maîtres des marchés de toute la côte occidentale d'Afrique.

Les *guinées* les plus estimées par les Maures sont celles de l'Inde, à cause de leur solidité et de leur bon teint ; la plupart sont des tissus fabriqués en France, et envoyés à Pondichéry, pour être teints, puis réexpédiés au Sénégal directement. Les *guinées* anglaises-belges, ou allemandes, sont préférées des noirs, en raison de leur *bon marché*, et il en est ainsi de bien d'autres *produits étrangers*.

Quand donc nos industriels voudront-ils comprendre qu'à côté de l'industrie française de la métropole, il faut créer une *industrie d'exportation coloniale*, très différente de la première, qui leur assurera des débouchés immédiats ? Il serait *plus que temps* qu'ils entrent dans cette voie, s'ils veulent encore prendre la place prépondérante qui leur revient dans les colonies.

Après les *guinées*, les autres articles principaux d'importation sont : les tabacs en feuilles fournis par l'Amérique ; les eaux-de-vie, les verroteries, les perles, en provenance de l'Allemagne, de la Belgique ; les vins, bières, liqueurs, conserves, denrées alimentaires, sucre, quincaillerie, articles de Paris, fournis par la France.

L'industrie proprement dite est peu développée encore dans la colonie : quelques briqueteries, des chaufourneries, aux environs de Dakar ou de Saint-Louis. A signaler cependant l'usine de la *Société anonyme d'éclairage électrique du Sénégal*, qui fournit à Saint-Louis son électricité. Cette usine possède quatre dynamos Gramme, et deviendra certainement la base d'entreprises industrielles dans l'avenir. La Société exploite déjà une usine à glace, avec appareils frigorifiques Pictet, qui donne 100 kilogrammes de glace à l'heure. Voilà une force motrice toute prête pour les futures fabriques de tapioca ou d'indigo.

Les professions manuelles les plus utilisées sont celles de menuisier, de maçon, de calfat, de forgeron.

Je ne veux pas quitter le terrain commercial et industriel, sans appeler ici, une fois de plus, l'attention sur le « French Shore » sénégalais... Ceci va sans doute étonner beaucoup de mes lecteurs, mais n'en est pas moins d'une rigoureuse exactitude : la pêche de la morue sur les côtes nord-ouest du Sénégal serait plus fructueuse qu'au banc de Terre-Neuve ou en Islande.

Nous avons vu que l'extrême limite du Sénégal vers le nord-ouest était le cap Blanc sur la côte d'Arguin, à la baie du Lévrier. Le cap Blanc se divise en deux parties : l'une appartenant à l'Espagne, l'autre à la France (baie d'Arguin et baie du Lévrier). En face de ces baies il existe de nombreux bancs de poissons exploités sans contrôle par les pêcheurs des *Canaries* ; ces bancs comprennent surtout des morues, des merlans, des anchois; mais les morues dominent. La réalité surpasse certainement les calculs, car un seul équipage peut prendre par jour jusqu'à 3000 morues, alors qu'en Islande ou à Terre-Neuve on n'en prend que la dixième partie.

Des essais ont eu lieu il y a quelques années pour cette pêche ; ils ont échoué, parce qu'on n'avait pas étudié la conservation du poisson ; mais ils n'en ont pas moins prouvé l'exactitude de la quantité donnée plus haut comme produit journalier. Il est certain qu'il faut des procédés de conservation spéciaux, en raison du climat et des poussières apportées par le vent du désert. Alors qu'à Terre-Neuve, en Islande, les morues peuvent être mises en cale sans grande préparation, par suite de la température froide de ces régions ; sur la côte d'Arguin, il en va tout autrement ; la chaleur y est intense, la préparation en « vert », c'est-à-dire le poisson tranché, vidé, séché, aussitôt, est seule possible ; tout le succès est là.

Ce point acquis, les pêcheurs d'Arguin pourraient rivaliser avec leurs frères Islandais, à condition bien entendu que, comme à ces derniers, on leur accorde la prime d'armement, qu'on agence à Arguin même, pays fort désert, une installation leur offrant tout ce dont ils auraient besoin comme approvisionnement, et qu'un stationnaire soit envoyé en surveillance dans les eaux de pêche, pour garantir leurs droits et leur sécurité.

Un point à ne pas négliger, pour qui tentera pareille entreprise, c'est le commerce avec les indigènes, qui ne demanderont pas mieux que d'entrer en relations avec les commerçants leur apportant des produits qu'ils recherchent, et entre tous le poisson séché, seul transportable dans ces climats, serait précisément le plus facile à écouler, car les noirs se le procurent avec difficulté.

J'irai même jusqu'à dire, maintenant que Tombouctou est cité française, qu'une colonie fondée à Arguin, distant de 1 200 kilomètres de la ville mystérieuse, serait le rendez-vous de caravanes venant échanger les produits de l'intérieur contre ceux d'Europe; Arguin est un point de trafic à ne pas perdre de vue. Restée dans le domaine de la France, grâce à l'intelligente perspicacité du général Faidherbe, la baie du Lévrier ne peut demeurer vide de colons.

Quel plus noble emploi faire de la fortune, pour ceux qui la possèdent, que d'aider à l'expansion coloniale de son pays; d'accroître sa richesse, en ouvrant la route aux activités intelligentes, qu'arrête seule parfois la question pécuniaire.

L'ŒUVRE DE M. ÉTIENNE ET DU Dr BALLAY. — Le Sénégal de Faidherbe a grandi; l'œuvre d'activité incessante, d'énergie a été reprise par les Brière de l'Isle, les Dodds, les gouverneurs qui se sont succédé et continuée avec non moins d'habileté par le gouverneur actuel, M. Guy. Mais au lieu de se trouver isolée, perdue sur le vaste damier africain, en bordure avec des régions vierges de toute pénétration européenne, notre vieille colonie fait partie d'un *tout* compact, englobant une superficie supérieure à deux fois celle de la France.

Il y a quelque vingt ans, en effet, à part la Sénégambie, nous ne possédions dans cette partie de l'Afrique que de rares comptoirs sur les côtes des Rivières du Sud (Guinée française actuelle), sur la Côte d'Ivoire, et les lagunes du Dahomey ; tout l'arrière-pays était inconnu encore ; sans direction, sans appui, livrés à eux-mêmes, ces comptoirs étaient menacés de devenir la proie des compétiteurs étrangers, quand sonna l'heure de cette ruée formidable de l'Europe sur l'Afrique.

Pour démêler au milieu de cet imbroglio les destinées de notre empire colonial africain, affirmer nos droits et occuper au moment voulu les points importants, il fallait un homme qui possédât une perspicacité étendue et une connaissance approfondie de toutes ces questions.

M. Etienne, alors sous-secrétaire d'État aux Colonies, fut cet homme et c'est à lui que nous devons d'avoir aujourd'hui les colonies de la Guinée française, de la Côte d'Ivoire, du Dahomey, le Soudan, allant toucher aux confins du Sahara, à travers lequel l'Algérie leur tend la main.

Au nom de M. Etienne, il faut joindre celui du

Dr Ballay, qui fut le premier organisateur de l'embryon des nouveaux territoires. En lui confiant cette difficile mission, le sous-secrétaire d'État eut le rare mérite de choisir un collaborateur attaché de cœur et d'âme à son œuvre, et ayant consacré sa vie à la solution des problèmes africains.

Les débuts de M. Ballay furent héroïques comme l'a été sa fin. Le Dr Noël-Eugène Ballay est né à Fontenay-sur-Eure, le 14 juillet 1847. Il se destinait à la marine, après avoir achevé ses études de médecine, quand, en 1875, il apprit, par une note insérée dans un journal, que M. de Brazza demandait un docteur en médecine pour l'accompagner au centre de l'Afrique; il se présenta et fut agréé.

Devenu le compagnon de Savorgnan de Brazza, le Dr Ballay avait exploré avec lui les régions du Congo, participé par ses travaux à la fondation de notre colonie équatoriale, et en 1889 il était gouverneur du Gabon, lorsqu'il fut appelé à la direction des Rivières du Sud. En quelques années, par son habile administration, il sut faire naître une colonie, dont la prospérité n'a cessé d'aller grandissant. Il fonda, pour ainsi dire pierre par pierre, Konakry, et quand cette région fut transformée en gouvernement de la Guinée, il reçut ce gouvernement, à la tête duquel il demeura près de dix années[1].

Cela aurait suffi pour assurer au Dr Ballay une place

[1] En vertu des termes de l'accord anglo-français conclu en 1904, les îles de Loos, situées en face de Konakry, ont été cédées à la France par l'Angleterre.

des plus honorables dans notre histoire coloniale; la dernière période de sa carrière l'a rendue glorieuse.

A peine était-il rentré en France, pour s'y reposer de son écrasant labeur, que la fièvre jaune éclatait au Sénégal, semant une panique regrettable, et provoquant l'exode de la majeure partie des Européens. Spontanément, sans hésitation, malgré son âge et son état maladif, le Dr Ballay offrit d'aller occuper le poste demeuré sans titulaire, et il partit rejoindre les derniers survivants.

Grâce aux mesures hygiéniques prises dès son arrivée, à son sang-froid, le fléau fut enrayé, le calme rétabli, et une fois de plus on allait pouvoir apprécier son administration prudente et adroite, quand il fut terrassé par le surmenage qu'il s'était imposé et par la maladie qui le minait depuis des mois. Avec lui disparaissait l'un des plus éminents parmi ceux qui prirent part à notre extension coloniale.

Le 14 juillet 1904, date anniversaire de sa naissance, a eu lieu, à Chartres, l'inauguration du monument élevé à la mémoire du regretté gouverneur, au moyen d'une souscription ouverte par les élèves du lycée auquel il avait appartenu pendant de longues années comme élève. Le monument se dresse dans le square du lycée; il est dû au ciseau du statuaire Allouard, auteur du monument élevé déjà à Konakry, en Guinée française.

Le gouvernement de l'Afrique occidentale. — L'œuvre du Dr Ballay a été le point de départ de notre extension en Afrique ; le décret du 15 juillet 1895 réunissait le Sénégal, le Soudan, la Guinée française, la Côte d'Ivoire, le Dahomey, en gouvernement général de l'Afrique occidentale, et les plaçait, tout en leur laissant leur autonomie, sous l'autorité d'un gouverneur général, actuellement M. Roume, qui, au moment où j'écris ces lignes, accomplit le tour de l'immense région dont il a la direction supérieure et vient de pousser jusqu'à Tombouctou pour revenir par la Guinée française. Il a voulu, ce dont on ne saurait trop le louer, voir par lui-même, se rendre compte des ressources, des améliorations à apporter, et bien faire sentir par sa présence tout le prestige et toute l'autorité de la France.

Le but final n'est pas encore atteint ; de sérieux problèmes restent à résoudre ; de grands travaux à effectuer, entre autres la création des voies de pénétration ; mais l'œuvre accomplie à ce jour n'en exprime pas moins la pensée des Faidherbe, des Étienne, des Binger, qui ont tracé le plan général dont le succès est désormais assuré.

CHAPITRE XVIII

UNE NOUVELLE PROVINCE FRANÇAISE : LA MAURITANIE OCCIDENTALE.

UNE NOUVELLE PROVINCE FRANÇAISE : LA MAURITANIE OCCIDENTALE. — Comme pour donner raison à la conclusion du chapitre précédent, voici que les événements viennent d'eux-mêmes clore mes dernières pages. Notre vieille colonie sénégalaise s'accroît d'une nouvelle province, la *Mauritanie occidentale*, contre les habitants de laquelle nous avons vu lutter Faidherbe, et dont la soumission, depuis longtemps objet des efforts des divers gouverneurs, est chose en partie accomplie, grâce à l'infatigable, patient et courageux labeur de M. Coppolani et de ses collaborateurs.

Nous avons vu que parmi les races avec lesquelles nous sommes entrés en contact, figuraient les Maures, habitant le pays situé sur la rive droite du fleuve Sénégal, et tout l'intérêt qu'avait la France à placer ces régions sous son autorité, puisque par le Sahara occidental elles vont rejoindre l'extrême sud de nos possessions algériennes. Ces vastes espaces sont compris entre l'Atlantique, le Maroc, le Sénégal et Tombouctou; ils comprennent l'Adrar, le Tagant et le Hodh. Les Maures qui les habitent se divisent en une quinzaine de tribus principales dont les plus en contact direct avec nos possessions de Sénégambie-Niger sont les Trarzas, les Brachnas et les Douaïchs, vers le Sahel.

Longtemps la pénétration de cette région a été difficultueuse. En dehors des tentatives que j'ai déjà indiquées, du mulâtre Panet en 1850, qui parvint à aller jusqu'à Mogador par l'Adrar; des opérations de Faidherbe et de ses lieutenants, l'officier de marine Mage, qui atteignit le Tagant; le capitaine Fulcrand qui visita Arguin; de Solleillet, de Camille Douls, il convient de citer les tentatives faites de nos jours (1889) par Léon Fabert, qui se rendit trois fois chez les Brachnas, chez les Trarzas, et dans l'Adrar où il obtint le premier traité de protectorat, par Gaston Bonnet en 1893. Elles n'avaient abouti à aucun résultat immédiat et la question semblait devoir demeurer longtemps encore stationnaire, quand, en 1898, une mission d'études fut organisée pour le Soudan.

C'est à cette mission que M. Coppolani, administrateur de commune mixte en Algérie, très au courant des choses musulmanes, fut détaché, en compagnie de M. Arnaud, administrateur également, avec un programme spécial, ayant pour but de prendre contact avec les peuplades maures et touareg, situées au nord de nos possessions de l'Afrique occidentale; d'établir avec elles un courant de relations *pacifiques;* d'étudier le développement de l'Islamisme dans ces contrées et ses conséquences au point de vue politique.

Accompagnée d'une escorte de méharistes, la mission se partageait, peu après son départ, en deux portions : l'une, la principale, commandée par M. Coppolani, traversait les régions inexplorées du Sahel, reconnaissait la ligne des puits de l'Adrar; l'autre, dirigée par M. Arnaud, prenait la voie du fleuve Sénégal et par le Niger gagnait Tombouctou, où la réunion s'opérait.

Groupés à nouveau, les explorateurs poursuivaient leur route vers le nord, visitaient Araouan, à 260 kilomètres de Tombouctou. Ces reconnaissances, effectuées non sans fatigues et sans périls, avaient produit le meilleur effet, contribué à préparer la soumission.

En présence de ce succès, il apparut que le moment était venu de donner à nos relations avec les tribus maures une direction particulière, s'appliquant aux territoires immenses à travers lesquels les populations nomades ou sédentaires sont disséminées. C'est dans ces conditions qu'une organisation autonome a été décidée et donnée à ces contrées, qui furent rattachées au gouvernement général de l'Afrique occidentale, sous le nom de *Mauritanie occidentale*.

Si beaux et inespérés que fussent ces premiers résultats dus à la mission, il restait encore à obtenir la soumission des tribus maures en contact direct avec le fleuve. En dépit des difficultés suscitées par les dissensions intestines entre chefs de tribus, cette soumission s'est faite avec une rapidité inattendue.

Après avoir amené, en 1903, par des mesures pacifiques, sans engagements sérieux, celle des tribus trarza et brachna, M. Coppolani a entrepris, en 1904, de placer sous notre protectorat la vaste zone connue sous le nom de Tagant, occupée par les Douaïchs. Il fit du poste de Kaëdi, le seul que nous avions alors en Mauritanie son quartier général, ce point étant en constantes relations avec les tribus se tenant dans cette zone, et ayant eu plusieurs fois à souffrir des razzias opérées par ses peu aimables voisins.

Si l'annexion des premières tribus avait pu se faire par voie de conciliation, celle du Tagant ne semblait pas aussi aisée, car les Douaïchs sont des guerriers ayant de bons chevaux, et étaient disposés, selon les renseignements, à défendre énergiquement leur indépendance. En prévision d'événements, on avait réuni une colonne volante, appuyée d'artillerie de montagne.

Malgré tous ces préparatifs, malgré toutes les prédictions, M. Coppolani, poursuivant son œuvre pacifique, ne se départissait pas de sa ligne de conduite habituelle.

Un des membres de la mission, avec qui j'ai eu le plaisir de m'entretenir à son retour en France, a bien voulu me donner quelques détails et me communiquer quelques vues qui ont servi à illustrer ce chapitre; je tiens à le remercier ici.

« Quand l'action vers le Tagant fut décidée, le chef de la mission fit réunir à Kaëdi plusieurs cheiks influents, ralliés déjà à notre cause, qui lui furent de précieux auxiliaires pour mener à bien sa tâche difficile.

Type de Maure Brachna.

« Comme concours, il avait le commandant du cercle, le capitaine Gallant, breveté d'arabe, connaissant à fond les sectes musulmanes et doué d'une énergie rare, dont il avait donné des preuves éclatantes au cours de la mission Gentil, et du combat de Koussery, livré contre le sanguinaire Rabah ; le capitaine Paÿn, chargé des goums ; le capitaine Chauveau et le lieutenant de Chalain.

« Entreprise par des hommes de cette valeur et de cette compétence, nous avions toute confiance dans le succès. Procédant par palabres, M. Coppolani gagna peu à peu les tribus maraboutiques; puis les familles des guerriers et enfin des dissidents. Il pénétra ensuite jusqu'à Guidimaka, remontant la rivière Gorgol et finalement, sans opérations militaires, par simple action politique, les Douaïchs, réputés irréductibles, firent leur soumission. Actuellement les points stratégiques les plus importants sont occupés progressivement par des détachements. »

Telles sont les grandes lignes de cette occupation qui fait honneur à la mission tout entière.

Voyons maintenant, pour terminer, ce que sont ces peuplades placées sous notre influence.

Les Maures appartiennent à la race berbère et sont musulmans. Ce sont des nomades par excellence ; vivant sous la tente, promenant leurs troupeaux dans les vastes espaces où ne s'élève aucun village.

Pendant la saison sèche, les tribus se rapprochent du Sénégal, pour abreuver les troupeaux et apportent aux escales la gomme, les plumes d'autruche, qu'elles échangent contre le mil et des denrées européennes. Les mœurs de ces populations contre lesquelles nous avons eu à lutter pendant longtemps, pour mettre fin à leurs incursions sur la rive gauche du Sénégal,

Les Maures appartiennent à la race berbère ; ce sont des nomades par excellence...

incursions au cours desquelles elles ne se contentaient pas d'échanger leurs troupeaux contre le mil des agriculteurs, mais volaient des femmes, des enfants, qu'elles emmenaient au désert, sont encore des mœurs sauvages. La terreur qu'elles inspiraient alors était telle que les victimes de leurs larcins n'osaient réagir.

Une plume autorisée entre toutes à ce sujet, celle du général Faidherbe, donne comme suit, dans les *Annales du Sénégal*, le portrait des Maures guerriers, contre lesquels il a dû livrer maints combats :

« Ces guerriers, qui composent environ la moitié de la population des Trarzas, les autres étant marabouts et sans armes, sont armés de fusils à pierre ou à deux coups, achetés aux comptoirs. Beaucoup d'entre ces gens sont estropiés par suite de l'explosion des armes, pas très solides d'abord, et souvent aussi trop chargées par eux de plusieurs balles ; elles sont du reste bien entretenues et leur poignée est généralement renforcée d'une gaine ou d'une simple bande de fer poli ; enfin, elles sont toujours renfermées dans un étui en cuir, d'où on ne les sort qu'au moment de s'en servir.

« Les Maures ne sont vêtus que d'une culotte courte et d'une sorte de « gandourah » qu'ils relèvent latéralement au-dessus de leurs épaules, en laissant les bras entièrement libres, et qu'ils serrent à la taille par une ceinture ; avec ces vêtements noirs, leur tête nue et leurs longs cheveux bouclés, ils ont un air féroce. La selle de leurs chevaux est petite et ne pèse toute garnie que 4 à 5 kilogrammes, de sorte que, les cavaliers étant eux-mêmes très maigres, les petits chevaux n'ont pas à porter une grande charge et sont susceptibles de fournir de longues courses.

« Quant à leur manière de faire la guerre, les Maures n'attaquent que pour enlever du butin ou des captifs. S'il n'y a rien à gagner, ils refusent le combat et montrent moins de vigueur pour défendre leur propre bien que pour enlever celui d'autrui. Quand ils ont formé le projet d'attaquer une caravane en cours de route, ils s'embusquent dans l'herbe et, au moment où le convoi arrive sur eux, ils tuent à bout portant les hommes les plus proches, se lèvent en poussant des cris ; si les conducteurs prennent la fuite, ils s'emparent du butin ; si au contraire ils tiennent tête, les agresseurs se sauvent eux-mêmes.

« Les seuls cas où les Maures se battent avec acharnement, c'est dans leurs querelles intestines, suscitées par les haines entre familles et tribus ; alors, ils se livrent des combats sérieux, des luttes à mort ; mais contre les blancs et les noirs, que leurs chefs méprisent également, le point d'honneur consiste pour eux à faire du mal à l'ennemi sans en éprouver. Si un guerrier Trarza est tué par un blanc ou par un noir, c'est un déshonneur pour la famille. Du reste, ces sauvages sont infatigables, supportent privations et souffrances ; mais ils montrent une grande cruauté envers les vaincus et les prisonniers ; de là, l'immense terreur qu'ils inspirent.

« D'après ce portrait, on voit qu'il n'est pas tout à fait exact de dire, comme on l'a répété souvent, que les Maures sont aussi lâches que cruels, qu'ils manquent de courage ; ils en ont ; ce n'est pas la brillante valeur des héros de nos histoires et de nos romans ; ce n'est pas non plus le courage du devoir, celui sans faste et sans ostentation du soldat qui à toute heure est prêt à marcher sur un mot de ses chefs, parce que ce sont les conditions de son noble métier ; mais c'est le courage de l'homme qui vit de rapines à main armée. Puisqu'il tire ses ressources journalières de ces violences, il ne faut pas qu'il en meure.

« La première condition est qu'il rapporte du butin sans être blessé, aussi fuit-il devant la résistance ; tout cela est logique ; ce qui n'empêche qu'il faut à ces brigands un certain courage pour traverser le fleuve à la nage par une nuit noire, malgré les crocodiles, et les embuscades ; pour s'engager dans un pays ennemi, à travers des villages populeux, attaquer hardiment de mieux armés qu'eux, faire des prises et les ramener, malgré la poursuite des populations, en franchissant les marigots, les halliers, où ils risquent à chaque pas de tomber sur un parti ennemi. »

Si j'ai insisté sur cette race des Maures par un emprunt fait à une plume autorisée, c'est qu'il ne m'avait pas été possible de recueillir, en de trop courts instants passés sur la rive de Mauritanie, des détails et des observations me permettant, comme pour les autres races, d'en faire connaître *de visu* les mœurs, coutumes et caractère.

Aujourd'hui notre autorité, qui s'arrêtait lors de mon voyage à la rive droite du fleuve, s'étend progressivement sur toute la Mauritanie. La jonction de l'Algérie au Soudan qui vient d'être opérée par l'occupation de l'oasis d'Araouan, au nord de Tombouctou, assure désormais notre domination des bords de la Méditerranée aux côtes de l'Atlantique.

CONCLUSION

J'ai, je le crois, donné de mon trop court voyage à mon gré, sans exagération et aussi sans prétention, un résumé qui permettra à mes lecteurs de se faire une idée exacte de notre colonie du Sénégal proprement dit. Je souhaite qu'ils aient trouvé dans ces pages un peu du charme attirant que dégage l'Afrique, où, l'on a beau dire, on retourne avec joie, parce qu'on sent qu'il s'y accomplit une œuvre *de laquelle dépend l'avenir colonial de la France.*

Qu'on le sache bien, le Sénégal est une colonie d'agriculture, de grandes cultures d'élevage et d'industrie; une mine ouverte aux hardiesses intelligentes et tenaces, que ne doit pas effrayer la réputation faite à tort à cette région. L'avenir appartient aux sociétés mi-commerciales, mi-agricoles.

Malgré leur paresse native, les noirs, assurés de vendre leurs produits, s'adonneront de plus en plus au travail; en même temps, ils contracteront des goûts de bien-être qu'ils soupçonnent à peine aujourd'hui, et le développement de l'agriculture entraînera celui du commerce et de l'industrie.

J'entends dire de toutes parts, qu'on ne sait que faire

chez nous des capitaux. Puissent leurs possesseurs devenir moins timides, plus entreprenants, et encourager les bonnes volontés, qui ne sont pas rares non plus. Le développement subit de l'instruction, l'évolution industrielle ont créé une foule de déclassés dont l'ambition inassouvie est un danger ici, et peut être en Afrique une source de fortune personnelle, de prospérité et de grandeur nationales.

« Les colonies sont une pépinière d'hommes », a dit un éminent académicien, M. de Voguë. Elles solliciteront chez nous le réveil de l'esprit d'initiative, qui est le fait d'une éducation spéciale.

Aux jeunes de parachever l'œuvre accomplie par nos soldats et nos explorateurs; la *France d'Afrique* est définitivement et intégralement constituée.

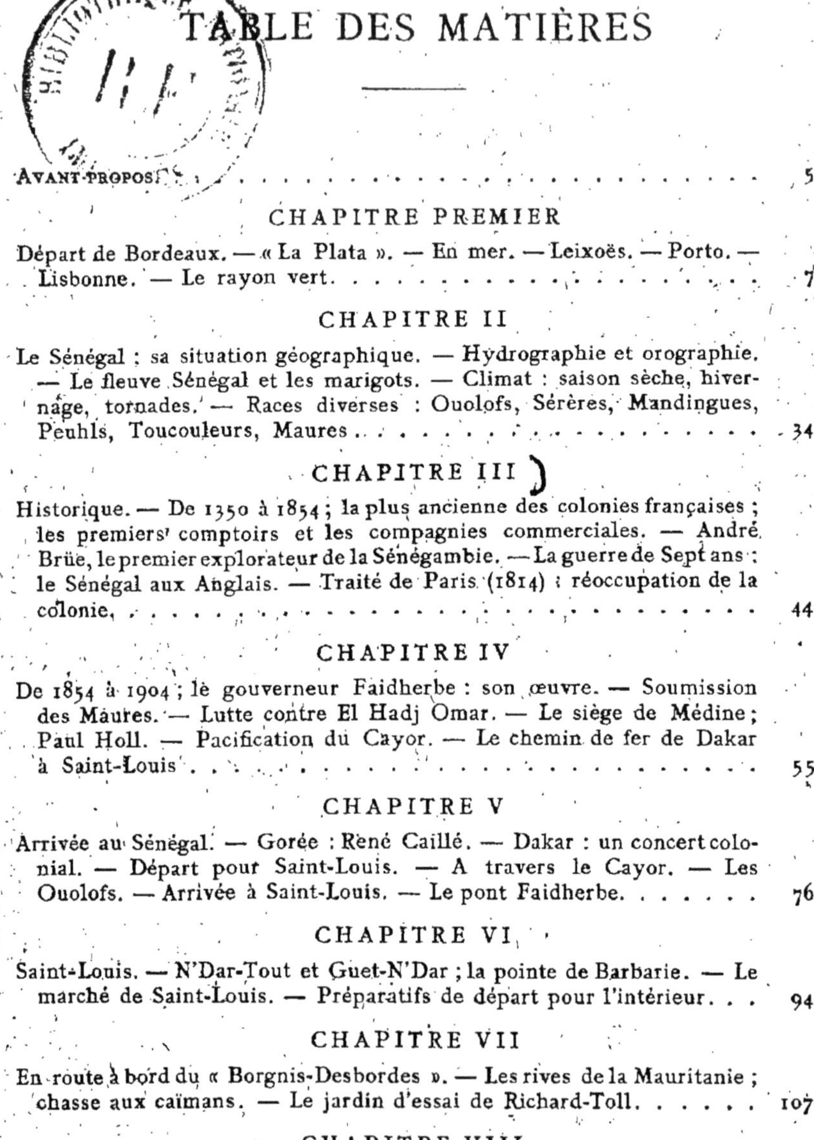

TABLE DES MATIÈRES

CHAPITRE IX

CHAPITRE X

CHAPITRE XI

CHAPITRE XII

CHAPITRE XIII

CHAPITRE XIV

CHAPITRE XV

CHAPITRE XVI

CHAPITRE XVII

CHAPITRE XVIII

Paris — Imp. A. Picard et Kaan, 192, rue de Tolbiac. — H. B. 3-1905

PARIS — IMPRIMERIE ALCIDE PICARD & KAAN
192, Rue de Tolbiac, 192

www.ingramcontent.com/pod-product-compliance
Ingram Content Group UK Ltd.
Pitfield, Milton Keynes, MK11 3LW, UK
UKHW022054260726
13993UKWH00001B/118